당신을 위한 성 프란치스코

당신을 위한 성 프란치스코

교회 인가 서울 대교구 | 2014년 3월 27일
1판 | 2013년 9월 10일
2판 | 2020년 7월 5일

지은이 | 페르난도 우리베
옮긴이 | 김이정

발행인 | 호명환
만든이 | 조수만
표지그림 | 김연행
교정교열 | 조선희
표지 및 내지 디자인 | 박선영

만든곳 | 프란치스코 출판사(제2-4072호)
주　　소 | 서울 중구 정동길 9
전　　화 | (02) 6325-5600
팩　　스 | (02) 6325-5100
이메일 | franciscanpress@hanmail.net
홈페이지 | https://blog.naver.com/franciscanpress
인쇄 | 현문자현

ISBN 978-89-91809-76-5 93230

값 12,000원

이 도서의 국립중앙도서관 출판사도서목록(CIP)은
서지정보유통지원시스템 홈페이지(http://seoji.nl.go.kr)와 국가자료공동목록시스템
(http://www.nl.go.kr/kolisnet)에서 이용하실 수 있습니다.

CIP제어번호 | CIP 2020026539

당신을 위한 성 프란치스코

지은이 / 페르난도 우리베

옮긴이 / 김이정

삽화 / 후안 하이로 렌돈

| 추천사 |

'삶의 스승 프란치스코'를 소개해 드리며

　프란치스코를 한마디로 캐리커처한다면, '삶의 전문가' 또는 '삶의 명수'라고 할 수 있지 않을까요. 오늘날의 시각에서 보면, 그는 이 지상에서 44년이란 비교적 짧은 생애를 보냈지만, 그만큼 인생을 즐긴 사람이 과연 있을까 싶습니다. 저에게 프란치스코는 참된 기쁨을 누린 쾌락주의자요 참된 아름다움을 마음껏 향유한 유미주의자唯美主義者로 비쳐집니다. 그가 누구이든, 참으로 인생을 즐기고 싶고 진정으로 행복을 바란다면, '프란치스코에게 가시라. 그 안에서 삶의 비밀을 발견하시리니!' 이렇게 주장하면 좀 과장이 될까요.

　『당신을 위한 성 프란치스코』의 저자는 남미 콜롬비아 출신의 페르난도 우리베Fernando Uribe 형제입니다. "작은 형제회" 사제이기도 한 그는 로마 안토니오 대학교에서 카예탄 에써Kajetan Esser의 지도 아래 "베네딕토 수도규칙과 프란치스코의 글에 나타난 수도

생활의 구조와 특성"이라는 논문으로 박사 학위를 받았고, 정년 퇴임하기까지 모교에서 프란치스칸 영성을 가르쳤으며, 이와 관련된 훌륭한 저술들도 여럿 남겼습니다. 그는 무엇보다 뛰어난 인품을 지닌 '작은 형제'였지만, 학문에 있어서는 대단히 엄격한 교수였으며, 치밀한 그의 학문 방법론은 탁월하기로 정평이 났습니다. 이분은 틀림없이 프란치스칸 역사에 훌륭한 학자로 기록될 것입니다.『당신을 위한 성 프란치스코』는 그런 그의 학문적 엄밀함과 확실한 역사적 자료를 바탕으로, 누구나 쉽게 프란치스코 안에 숨겨진 삶의 비결을 만날 수 있도록 아씨시의 성인을 간결하게 소개하는 묵상 형식의 전기 또는 전기 형식의 묵상글입니다.

페르난도 우리베 형제님은 8백여 년 전에 이탈리아에 사셨던 프란치스코라는 중세 성인의 삶을 오늘날의 관점에서 새롭게 조명하고 있습니다. 저자는 이를 위해 프란치스코의 생애와 관련된 62개의 장면을 선택하여 이를 하나의 모자이크처럼 정교하게 짜 놓았습니다. 얼핏 보면 이 모자이크는 평범해 보이지만, 뛰어난 학자만이 포착할 수 있는 지성적 섬세함이 깃들여 있어, 보면 볼수록 아름답고도 미묘한 빛이 어른거립니다. 이 모자이크의 백미는 자신의 고유한 카리스마를 찾아가는 젊은 프란치스코에 있지 않을까 싶습니다. 저자는 이 저서의 반 정도를 할애하여 프란치스코가 어떻게 청년 시절에 방황하고 고뇌하였는지 그리고 자신의 전 생애를 내어던질 길을 어떻게 찾아갔는지 대단히 예리하게 파헤치고 있습니다. 이는 프란치스칸 영성에 있어 또 다른 기여로 평가되리라 여겨집니다.

많은 분들이 이 새로운 저서를 통해 '인생의 스승'인 프란치스코를 새롭게 해후하시고, 그로부터 무엇보다 하느님께서 우리들 각자에게 주신 고유한 삶의 비밀들을 풀어 가는 기쁨을 향유하시기를 빕니다.

2013년 7월 31일
프란치스코 출판사 책임자 고계영 파울로 형제

들어가며

이 책은 단지 몇 장의 짧은 이야기일 뿐이다. 이 짧은 이야기 속에는 프란치스코 성인이 아씨시라는 작은 도시에 살면서 평범한 사람에서 그리스도인으로 성화되기까지의 모든 과정이 담겨 있다. 그러나 그 과정은 짧은 문장으로 간단하게 표현하였다. 이 책은 엄격한 의미에서 전기의 범주에는 포함되지 않는다. 그러나 역사에 기초하여 이 글을 집필했고, 여기에 제공된 자료와 정보 역시 가장 나은 초기 원천들을 참고하였다. 이 책은 아씨시의 성 프란치스코에 관한 전문 도서가 아니라 프란치스코와의 만남에 동기를 부여할 목적으로 썼기 때문이다.

나는 젊고 뜨거운 가슴을 가진 사람들을 생각하며 이 책을 썼다. 나는 고귀한 이상을 품고 위대함과 숭고함을 추구하며, 삶과 진실과 사랑을 위해 노력하는 사람들을 생각하며 이 책을 썼다. 또한 나는 프란치스코의 자취를 따르고자 하는 사람들을 위해서

이 책을 썼다. 프란치스코 성인의 빛은 8세기가 넘도록 변함없이 빛나고 있기 때문이다.

이 책은 독자에게 마음 가장 깊은 열망 속에 자리한 프란치스코 성인을 소개한다. 그는 처음부터 성인으로 태어난 것이 아니다. 장단점을 지닌 보통 사람이었으나 수많은 시행착오를 통해서 인생은 참으로 놀라운 모험이라는 것을 발견한 분이었다. 나는 가난하고 자유로운 삶을 살다 모든 걸 내려놓고 영원의 세계로 들어간 이 분을, 이 책을 읽는 사람들에게 바친다.

책 안의 삽화들은 매우 중요한 부분을 차지한다. 왜냐하면 처음부터 글과 그림으로 이 책을 만들고자 했기 때문이다. 두 번째 판에 포함된 삽화 작가 후안 하이로 렌돈 형제의 즉흥적인 결정으로 상당 부분 변경되었다. 그 형제는 첫 번째 판보다 더 많은 삽화를 추가하고자 했다. 나는 형제의 노고와 열정에 다시 한번 존경과 감사를 표명하고 싶다.

두 번째 판은 삽화를 제외하고는 질문의 유형과 문장에서 약간 수정했을 뿐이다. 5개 언어로 번역된 이 책이 재판된다는 것은 매우 놀라운 일이다. 도움과 용기를 주신 모든 분께 감사드리며 특히 'Coleccion Karisma'에 이 출판본을 포함시켜 주신 Carisma

Francisclariano 학교의 교장 루이스 파티뇨 산타콜로마Luis Patiño Santacoloma 형제에게 진정 어린 감사의 말을 전하고 싶다.

이 작은 책이 독자들에게 아씨시의 프란치스코 성인과 같은 방법으로 성소를 깨닫는 데 도움이 되기를 바라며, 프란치스코 성인의 축복을 여러분 모두에게 빈다.

페르난도 우리베, 작은형제회
2009년 2월, 로마

차례

추천사 5
들어가며 9

1 성 프란치스코의 시대적 배경 16
2 아씨시 18
3 상인의 집 20
4 탄생 22
5 유년기 24
6 평범한 청년 26
7 석공 견습생 28
8 전쟁 놀이 30
9 모범적인 포로 32
10 이념의 용광로 34

11 기이한 행동   36
12 영광의 꿈   38
13 무기 … 무엇을 위하여?   40
14 스폴레토의 밤   42
15 이별 잔치   44
16 자신과의 내적 싸움   46
17 거지로서의 첫 번째 수업   48
18 입맞춤으로 얻은 작은 평화   51
19 산 다미아노 성당을 위한 쉬운 해결책   53
20 두 감옥 사이에서   55

21 예언적 행동   57
22 모든 사물의 새로운 광채   59
23 과제의 발견   61
24 또 다른 어려운 학습   63
25 진실하게 살아가는 자   65
26 또 다른 시험들   67
27 복음과의 만남   69
28 평화의 새로운 설교자   71
29 형제들과의 만남   73
30 도깨비들처럼   75

31 이해할 수 없는 거지들 77
32 새로운 사도적 여행 80
33 회개자들의 로마행 82
34 희망의 시험 84
35 참새 떼처럼 86
36 리보토르토에서의 학습 88
37 클라라와의 비밀스런 만남 90
38 횃불의 밤 92
39 산과 사람들 사이에서 95
40 먼 땅을 찾아서 98

41 라테라노에서의 갈등 100
42 형제회의 성장과 조직화 102
43 무기와는 다른 방법 104
44 진정한 순교를 향하여 107
45 정주 수도회 법규에 대한 저항 109

46 완전한 기쁨 111
47 영혼의 어두운 밤 114
48 그레치오의 밤 116
49 부활 축일 118
50 라 베르나 산에 오름 120

51 사랑의 상처 122
52 성인과 야생 동물 125
53 움막의 노래 128
54 마치 음유시인처럼 131
55 불 형제 134
56 시에나에서의 새로운 시도 136
57 죽음의 찬미 138
58 비범한 유언 140
59 추수 완료 142
60 죽음에 이르는 충실한 친구 144
61 촛불 같은 마지막 순간 146
62 성인의 첫 행렬 148

1
성 프란치스코의 시대적 배경

　12세기 말과 13세기 초에 유럽, 특히 이탈리아에서는 매우 특별한 상황들이 연출되고 있었다. 어떤 면에서는 오늘날 이 땅에 살고 있는 우리의 상황과 매우 유사한 점이 많았던 시대였다.

　서양 세계를 놓고 경쟁했던 두 개의 초강대국이 있었다. 그것은 독일제국과 교황권이었다. 독일제국은 그 어떤 비용을 치르고서라도 고대 로마제국의 소생을 열망했고, 교황권은 종교적인 권력과 더불어 세속적인 이익 또한 추구하면서 세계를 통치하고 자신들을 방어하고자 군정권도 거머쥐고 있었다.

　당시는 대립의 시대였다. 부자와 가난한 이들, 질병과 전쟁, 회개자와 범죄자, 불의와 말다툼, 노동자들의 권리를 옹호하려는 노조와 용병들, 성전이라 일컫는 전쟁에서 명예를 위해 싸우는 성전 기사단이나 다른 기사단들….

도시와 국가 간의 상호 교류는 물품을 거래하던 상인들, 부정부패, 사치, 불의 등을 일삼았던 그 시대의 성직자들과 상류계급을 꾸짖었던 순회 설교자들 그리고 시를 짓고 전설을 노래하면서 위대한 기사들의 영웅적인 행동을 찬양하여 영웅심을 고취시키고, 심지어 전쟁까지 홍보했던 음유시인들로 인해 전보다 훨씬 더 활발하게 움직이고 있었다.

성찰 후 아래 질문에 답하시오.

1. 성 프란치스코의 시대와 현재 우리가 살고 있는 시대 사이에 어떤 유사점이 있는가?

2

아씨시

당시의 아씨시는 오늘날보다 훨씬 더 작은 도시였다. 200여 채의 가옥 중에는 높은 탑을 가진 귀족과 부자들의 넓은 집도 있었고, 이에 비해 낮고 좁은 집들도 있었다. 돌로 지은 집들이 산기슭을 빽빽이 메우고 있었다.

많은 탑과 각기 다른 지붕의 건물들 사이에서도 산 루피노 대성당은 눈에 확 들어왔다. 위엄 있는 외관과 그 위쪽의 요새가 언덕마루부터 펼쳐지는 전경을 지배하면서 도시의 성벽과 독일풍의 탑들과 함께 우뚝 서 있었다.

아씨시의 좁고 경사진 거리 안에서 약 2천 명의 주민들은 가까운 우물에서 물을 긷고, 소규모의 수공업 작업장에서 노동을 하며, 시장에서 필요한 물건을 사고 일상의 지루함을 벗어날 최근

소식을 전해 듣고자 거리의 모퉁이로 모이곤 했다.

저 아래쪽에는 녹색 올리브 나무와 더불어 밀밭과 포도밭이 보이는 움브리아의 달콤한 평지가 깔려 있었다. 이 평지는 수바시오산에서 내려오는 엷은 안개로 망토를 두른 듯 아련히 보였다. 또한 나무들이 뿜어내는 상큼한 공기와 함께 새들과 매미들의 합창도 들을 수 있었다.

T 성찰 후 아래 질문에 답하시오.

1. 프란치스코 성인의 아씨시와 오늘날 우리가 살고 있는 도시 사이에 차이점이 있다면, 가장 중요한 것을 적으시오.
2. 왜 우리는 도시의 자연을 훼손하여서 소음이 증가되고 공기는 점점 더 오염되고 있다고 생각하는가?
3. 오늘날 도시들의 동요와 불안은 무엇에 원인이 있는가?

3

상인의 집

　시청 앞 광장에서 매우 가까운 곳에 그 지방 유지인 베드로 베르나르도네라는 한 상인의 가게가 있었다. 귀족 가문은 아니었으나 그의 재산은 사람들 사이에서 화젯거리였다. 그는 프랑스로부터 수입한 원단과 모직으로 사업을 하였다. 그는 권력에 대한 갈증으로 아씨시뿐 아니라 그 주변 지역 다른 영주들의 재산까지 매수하기에 이르렀다. 반면 영주들은 새로운 시대적 요청에 응하거나 집단적 혁명에 대처하고, 전쟁에 필요한 자금을 조달하고자 그들의 재산을 팔아야만 했다.
　사업차 자주 프랑스를 다니던 베드로는 프로벤쟈를 지나던 중 피카 보르몬트라 불리는 아름답고 섬세한 여인을 만나 함께 왔다.
　외국 원단과 옷감을 파는 가게 위층에는 베르나르도네 가족의 살림집이 있었다. 피카 부인은 부자 남편이 제공해 주는 안락한 환경 속에서 전업주부로서의 생활을 누렸다. 그러나 이런 편안한 삶에도 불구하고 그녀의 기품 있는 이상과 그리스도교 신앙, 아름다움이나 시에 대한 동경으로 그녀의 심장은 요동쳤다.

한편 베르나르도네는 사업을 통해 부와 명예를 쌓아 가는 데 여념이 없었다. 이것이야말로 그가 태생적으로 갖지 못했던 명성과 영예를 소유할 수 있는 유일한 방법이었다. 그는 처음부터 부유한 사람이 아니었다. 요즘 말로 소위 잘나가는 성공한 사람에 해당된다. 살기 위해 일하는 것이 아니라 일하기 위해 사는 것이었다. 그의 신념은 금으로 가득 찬 금고와 재산에 있었다. 그 외의 것은 그에게 아무런 가치가 없었다.

T 성찰 후 아래 질문에 답하시오.

1. 베드로 베르나르도네에게 가장 중요한 것은 무엇이었는가?
2. 프란치스코 성인의 아버지와 오늘날의 자본주의, 신자유주의 세계 사람들 사이에 어떤 유사점을 발견할 수 있는가?
3. 이 같은 방법으로 사고하고 행동하는 사람에 대해서 당신은 어떻게 생각하는가?
4. 그들과 같은 사람들의 세상에서 여러분은 무엇을 기대하는가?

4

탄생

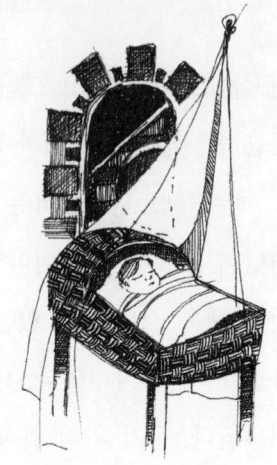

  1182년 혹독한 추위가 시작되기 전에 베드로 베르나르도네는 사업차 출타중이었다. 그의 부인이 임신을 하여 만삭에 가까웠으나 야심으로 가득한 장사꾼은 개의치 않았다. 그에게 가장 중요한 것은 그해 가을에 열리는 프랑스 시장에서 얻을 수 있는 꿀같이 달콤한 이윤을 놓치지 않는 것이었다.

  그가 부재중인 가을의 어느 날 밤, 가게 문은 닫혀 있었으나 위층의 살림집에는 램프의 등불이 밝혀진 가운데 하녀들과 산파가 분주히 움직이고 있었다. 동틀 무렵 그토록 오랫동안 기다렸던 그들의 아들이 태어났다. 피카 부인은 어머니가 된 것이다. 하느님의 모든 선과 자비를 보여 주는 듯한 부드러운 얼굴의 아들이 새근거리며 자는 모습을 보는 것만으로도 그녀의 오랜 인고의 세월은 모두 보상받는 듯했다.

  며칠 후 아버지가 아직 돌아오지 않았지만, 아기는 산 루피노 성당에서 어머니의 뜻에 따라 요한이라는 이름으로 세례를 받았다. 어머니는 세례자 요한의 모친 엘리사벳의 기적이 자신에게도 되풀이된 것으로 생각하고 매우 감사하였다.

프랑스에서 돌아온 아버지 베드로 베르나르도네는 맏아들의 탄생이라는 은혜로운 선물을 받았다. 그가 두 팔로 아들의 작은 몸을 얼싸 안았을 때 느낀 희열과 함께 그가 첫 번째로 한 일은 아들의 세례명을 요한에서 프란치스코(프랑스인)로 바꾼 것이었다. 아들의 인생을 이미 자신의 뜻대로 계획하고 있었던 아버지의 자연스러운 행동이었다. 그는 아들의 세례명을 이렇게 바꿈으로써 자신에게 아내와 부를 가져다 준 프랑스에 경의를 표하고 싶었다. 그러나 그의 가장 깊은 만족감은 이 작은 프란치스코를 통해 그의 대를 이었다는 것이었다. 아들의 탄생은 그에게 아들의 미래를 보장해 줄 수 있는 더 거대한 부를 축적하여야 한다는 자극을 주었다.

I 성찰 후 아래 질문에 답하시오.

1. 베드로 베르나르도네는 그의 부인과 자녀에 관해서 어떤 생각을 가지고 있었는가?
2. 이 같은 사고 방식에 대해 당신은 어떻게 생각하는가?

5
유년기

　유년기에 가족의 각별한 애정과 사랑을 받으며 성장한 프란치스코를 상상하는 것은 그리 어려운 일이 아니다. 그 시대의 부유한 가정들이 그랬던 것처럼 베르나르도네 가족도 수바시오 산기슭 또는 움브리아 평원의 소유지에서 야유회를 하며 자연의 아름다움을 즐기곤 했다.
　프란치스코의 영혼에 깃든 대자연의 지울 수 없는 흔적은 아씨시의 환경과 움브리아 풍경에서 어렵잖게 찾을 수 있다. 이는 최상의 환경이었다. 그곳은 어린 프란치스코가 처음으로 뛰어다녔던 정원과 초원과 숲이었다. 거기에서 프란치스코는 꽃과 새들의 지저귐과 부드럽게 내려앉은 땅거미에 숨겨진 비밀을 발견하는 법을 배웠다. 또한 자연을 통하여 드러난 하느님의 위대함에 대한 묵상과 함께 그의 충만한 감정을 시로 표현하기도 했다. 마침내 그는 그곳에서 그의 형제 자매인 피조물과 함께 지극히 높으시고 선하신 주님께 노래하는 법을 배웠다.

    몇 년 동안 그는 산 지오르지오 성당에서 가르치는 교리 교육과 문법 수업을 들었다. 그 수업에는 평범한 소년 소녀들이 출석하였다. 곧 명문가의 자녀들은 아니었다는 의미다.

    어린 프란치스코는 장난기와 생기가 넘치는 성격이었으나 그 발랄함은 독서에 전념하는 데는 걸림돌이 되었다. 등교하기 위해서 아침 일찍 일어나는 것과 오후에 숙제에 집중하는 일은 그에게 매우 버거운 과제였다. 아버지의 넉넉한 재산이 이미 그의 미래를 보장하고 있는데 무엇 때문에 그리 애를 쓰겠는가!

T 성찰 후 아래 질문에 답하시오.

1. 자연이 인간의 삶에 중요한 역할을 한다고 생각합니까? 그 역할이 무엇인지 간략하게 설명하시오.
2. 5과의 마지막 문장을 다시 읽은 후 그 문장에 대한 당신의 의견을 말하시오.

6
평범한 청년

약 15세가 되었을 무렵 청년 프란치스코는 아버지 베르나르도네를 도와 장사꾼으로서의 준비를 다지기 시작해야 했다. 그 당시에는 또래의 소년들이 아버지가 종사했던 직업을 그대로 이어받아 일을 시작하는 것이 관습이었다.

사실 청년 프란치스코는 아버지의 직업이 마음에 들지 않았다. 아무리 노력을 해도 진열장 뒤에서 하루 종일 옷감이나 재고 돈 계산을 하며 지내는 일이 썩 내키지 않았다. 그래서 틈만 나면 가게를 빠져나와 친구들과 파티를 계획하거나, 힘차게 노래를 부르며 거리를 돌아다녔다.

이미 그때부터 그의 부드러운 목소리와 명랑한 성격, 우아한 옷차림과 더불어 주머니에 있는 모든 것을 나눌 줄 아는 관대함은 그를 또래 친구들 사이에서 특별한 존재로 만들었다. 그런 이유로 청년들의 우두머리가 되기 시작했고, 봄 축제의 왕으로 자주 뽑히곤 했다.

프란치스코는 또래와 다를 바 없는 지극히 평범한 소년이었고 청년이었다. 처음부터 천성적으로 성인의 행동과 품성을 갖춘 그런 사람이 아니었던 것이다.

T 성찰 후 아래 질문에 답하시오.

1. 아버지의 직업이 아들의 적성을 결정하는 중세기의 풍습을 여러분은 어떻게 생각하는가? 현 시대에서 일반적이라고 생각하는가?

2. 지극히 평범한 소년이 되는 것이 편하다고 생각하는가? 그렇다면 이유는? (긍정적인 면들) 그렇지 않다면 이유는? (부정적인 면들)

7
석공 견습생

프란치스코의 청년 시절 아씨시에서는 대중들의 폭동이 자주 일어났다. 프란치스코 역시 별 생각 없이 그런 폭동들에 자주 가담하곤 하였다.

독일 황제를 대신하여 아씨시를 통치하고 있던 콘라도 데 수아비아 공작이 교황에게 그의 통치권을 이양하고자 스폴레토를 향해 떠났다. 기회를 엿보고 있던 아씨시의 시민들은 공작이 자리를 비운 사이 아씨시에서 가장 높은 곳에 지어진 요새를 공략하여 탑들을 무너뜨리고, 그 탑의 돌로 공작을 포함한 그 외 모든 외부 침략자로부터 도시를 지킬 수 있는 성벽을 쌓았다.

이것이 아씨시의 시민들이 그들의 열망을 이루기 위해 내디딘 가장 단호한 첫발걸음이었다. 이탈리아의 다른 도시들처럼 아씨시에서도 그들 자신이 정치와 민생과 상업을 통치할 수 있는 자치도시가 결성되었다. 그리하여 봉건 영주들이나 다른 외부 세력에 조세를 바칠 필요가 없게 되었다.

위대한 열정을 가진 프란치스코 역시 돌을 운반하여 성벽을 쌓으면서 시민들의 반란에 참여하였다. 아마도 거기서 처음으로 석공술을 배웠을 것이다. 그러나 무엇보다도 그 기회를 통해 성인은 그가 속해 있는 공동체의 문제점에 대해 처음으로 관심을 갖게 되었다. 그의 리더십과 명랑한 기질이 그가 소속된 단체의 대의명분을 지키도록 이끌었다.

T 성찰 후 아래 질문에 답하시오.

1. 오늘날 청년들이 자신들의 지역 사회 분쟁에 참여해야 한다고 생각하는가?

2. 소년들은 어떤 방법으로 자신이 소속되어 있는 국가나 도시의 대의명분을 지킬 수 있을까?

8
전쟁 놀이

아씨시의 대중적 긴장감은 지속되었다. 경제적으로 부유한 시민들과 귀족들, 곧 두 파벌 간의 골은 점점 더 깊어져 도시를 분열시켰다. 마침내 귀족들은 아씨시를 떠나 이웃 도시 페루지아로 피난을 떠나야만 했다. 그곳에서 피난자들은 그 지역의 모든 귀족과 결탁하여 군대를 조직하고 아씨시에 대한 적대감을 부추겨 결국 전쟁을 발발시켰다.

당시 20세에 접어든 프란치스코에게도 군 입대는 의무 사항이었다. 상인의 아들인 만큼 더욱더 부르주아의 대의명분을 지켜야 했다. 그러나 청년 프란치스코와 몇몇 또래 동료들의 속마음에는 애국심보다 모험에 대한 갈망이 더 앞서 있었다. 그래서 마치 재미있는 게임을 즐기듯 전쟁에 대한 별다른 준비 없이 아씨시와 페루지아 근접 지역인 콜레스트라다의 성 요한 다리 근처에서 일어난 전쟁에 참가하였다. 전쟁은 치열하고 살벌했으나 전략이라곤 전혀 없었던 아씨시의 용사들은 제대로 싸워 보지도 못하고 패하고 말았다.

프란치스코와 그의 많은 동료는 포로가 되어 페루지아 감옥으로 끌려갔다. 그곳에서 프란치스코는 모험을 갈망했던 어리석음과 준비 없이 참전했던 무모함의 대가를 톡톡히 치렀다.

T 성찰 후 아래 질문에 답하시오.

1. 프란치스코와 그의 동료들은 왜 페루지아 전쟁에서 패배했는가?

2. 지역 사업의 수행과 그 사업이 난관에 부딪쳤을 때 청년으로서 자각하고 책임감 있게 참여하려면 어떤 점들이 요구되는가?

9

모범적인 포로

경제적인 조건 덕분인지 프란치스코는 기사 계급이 아니었음에도 불구하고 기사들의 옆 감옥에 투옥되었다. 그러나 제 아무리 금으로 만들어진 창살이라 할지라도 감옥은 감옥인 것이다.

겨울철의 혹독한 추위와 영양 부족, 특히 자유의 박탈은 매우 고통스러웠다. 또한 이 모든 것은 공동생활을 더욱 어렵게 만들었다. 긴장감, 맥 빠진 얼굴들, 패배감으로 인해 팍팍한 마음을 가진 이들은 서로 말다툼까지 하였다. 어떤 사람들은 특유의 고약한 성격으로 다른 포로들의 인내심을 자극하기도 했다.

이런 환경 속에서 프란치스코의 따뜻한 인간미를 갖춘 성품이 더욱 빛났다. 그는 남다른 동료애를 가지고 있었고 봉사 정신이 뛰어났다. 그는 서슴없이 가장 까다로운 성격의 동료들에게도 접근했고, 그의 명랑함으로 모든 포로의 슬픔을 날려 버렸다. 때로는 그의 행동이 엉뚱하기조차 했다. 특히 야심 찬 미래 계획에 대해서 말했을 때 많은 동료는 그가 미쳤다고까지 했다. 그러나 그는 패배한 동료들의 사기를 북돋아 주는 한편, 모두에게 어려운 시기를 침착하게 받아들이고 극복하는 방법을 일깨우면서 명랑한 포로 생활을 지속하였다.

T 성찰 후 아래 질문에 답하시오.

1. 프란치스코 성인의 감옥에서의 행동과 태도에 대한 개인적인 의견을 말하시오.

2. 당신의 관심을 가장 많이 끌었던 성인의 인간적 가치를 꼽아 보시오.

10
이념의 용광로

일 년 간의 혹독한 포로 생활은 프란치스코의 건강을 해쳤다. 그러자 프란치스코의 아버지는 보석금을 내고 그를 집으로 데려왔다.

그러나 석방의 자유를 만끽하는 것도 잠시뿐이었다. 며칠 후 그의 건강은 더욱 악화되었고, 지속적인 고열로 인해 오랫동안 병상에 누워 있어야만 했다.

점차 몸이 회복되어 가자, 포로 생활에서 느꼈던 불안함과 초조감이 그를 엄습했다. 그는 홀로 병상에 누워 자신의 미래에 대해 계속 생각하였다. 그 결과 그는 하느님께서 그에게 무엇인가 큰일을 시키기 위해 부르심을 직감하였다. 그러나 그 무엇에 대해서는 아직 확실히 알지 못했다. 희미한 빛이 그의 삶의 지평에서 흐릿하게 비치고 있었다. 그러나 그가 확실히 볼 수 있었던 불빛은 그의 미래가 아버지의 사업 계승이나 부의 축적과는 무관하다는 사실이었다.

포로 생활과 병상에 누워 있던 어려운 시기는 프란치스코에게 자신의 삶을 돌아보고, 새로운 자신을 발견할 수 있는 기회가 되었다. 그는 위기의 순간에 자신의 삶을 또 다른 각도에서 바라보기 시작하였다.

T 성찰 후 아래 질문에 답하시오.

1. 10과의 문장 중 당신의 관심을 가장 많이 끌었던 문장을 적고, 왜 그 문장이 마음에 들었는지 설명하시오.

11

기이한 행동

건강을 회복한 프란치스코는 예전의 생활로 다시 돌아왔다. 그의 파티 친구들은 그를 애타게 기다린 듯하였다. 그는 사교계의 중심인물로 다시 우뚝 섰고, 밤이면 도시에서 아름다운 아가씨들에게 세레나데를 부르며 거리를 활보하고 다녔다.

또한 아버지 가게로 돌아와서 아버지가 출타할 경우 책임자 역할을 맡기도 했다. 아씨시와 이웃 마을에서 열리는 장터에 프랑스로부터 수입해 온 화려한 물건들을 직접 가져가 선보이는 일도 서서히 시작했다.

그러나 이 새내기 장사꾼의 영혼은 예전 같지 않았다. 가난한 이들에 대한 이상한 관심과 연민이 싹트기 시작했다. 어느 날 거지 한 명이 애긍을 청하러 가게로 들어오자, 가게 직원이 그 거지를 내쫓았다. 그러나 그는 곧바로 뛰어나가 거지를 찾아서 사과하고 넉넉한 돈을 쥐여 주었다. 그 순간 프란치스코는 자신에게 어떤 변화가 생긴 것을 알 수 있었다.

그렇다. 이것이 바로 시작이었다. 아직까지 가난한 이들을 위해 사는 삶과는 거리가 있었지만 그들에 대한 태도에는 뚜렷한 변화가 있었다.

T 성찰 후 아래 질문에 답하시오.

1. 오늘날 가난한 이들에 대한 프란치스코 성인의 태도는 어떻게 평가되고 있는가?

2. 왜 아직 가난한 이들을 위해 사는 삶과는 거리가 있었는가?

12
영광의 꿈

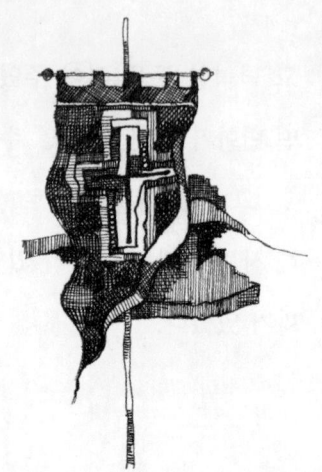

그 무렵 아씨시를 거쳐 간 음유시인들과 광대들은 용맹한 기사인 '괄티에로 브리엔느(Gualtiero Brienne)'에 대해 많은 얘기를 했다. 프랑스 군대 앞에서 펼친 그의 무용담은 그칠 줄 몰랐다. 바로 그때 교황 인노첸시오 3세는 독일인들이 지배하고 있던 이탈리아 남부 지방을 되찾으려고 아풀리아에서 군사 작전을 준비하고 있었다. 이를 돕고자 젠틸레 백작이 왔고, 그는 아씨시와 그 주변 지역에 기사 작위를 보상으로 수여한다는 조건을 제시하며 지원자를 모집하기 시작하였다.

프란치스코는 마음 한구석에서 명예에 대한 욕망이 솟아남을 느꼈다. "어쩌면 이것이 페루지아의 감옥에서 내가 고민했던 바로 그 질문의 해답인가?"라고 그는 자문했다. 아버지 베르나르도네도 "혹시 지금이 나의 아들이 명예를 거머쥘 수 있는 기회인가?" 하고 꿈에 부풀었다. 사람들은 "베르나르도네 아들이 또 황당한 짓을 하나?" 하고 수군거렸다.

재차 생각할 필요도 없이 프란치스코는 특유의 열정으로 전쟁을 위한 갖가지 준비를 시작했다. 전쟁에서 승리한 기사는 금의환향하고 명예를 갖게 될 것이다. 그런 다음 명문가 출신의 여성과 혼인을 하고, 세상 사람 모두가 그의 명성에 대해 이야기하는 유명인이 될 것이다.

T 성찰 후 아래 질문에 답하시오.

1. 프란치스코 성인의 이상이 정당하다고 생각하는가?

2. 그의 동기부여는 정당하다고 생각하는가? 이유는?

13
무기 …
무엇을 위하여?

　곧 군사용품들이 갖춰짐으로써 전쟁 준비는 완료되었다. 투구, 갑옷, 검, 창, 방패 등 모두 최고급품이었다. 그러나 그는 비록 자신보다 가난하기는 하지만 귀족 출신인 친구보다 더 훌륭하게 무장하는 것이 마음에 걸렸다. 영혼의 소리를 들은 그는 즉시 갑옷을 벗어서 남쪽 전쟁에 지원하는 그 친구에게 선물했다. 아직도 그에겐 새로운 장비를 구할 시간과 방법이 남아 있었다. 이 일화에서 그가 가난한 친구에게 도움을 준 행동에 대한 아버지의 책망과 추가적인 지출에 대한 언급은 거의 찾아볼 수 없다.
　전쟁 준비로 바쁘게 지내는 가운데 출전일이 점점 다가왔다. 출전일을 얼마 남겨두지 않은 어느 날 밤에 프란치스코는 참전함으로써 귀족 계급이 되려는 그의 계획에 대한 확신과 희망을 불러

일으키는 꿈을 꾸었다. 꿈에서 그는 마치 기사의 무기고처럼 온갖 종류의 무기가 가득 쌓여 있는 왕궁의 방들과 새 신부처럼 곱게 차려 입은 매우 아름다운 여인이 있는 또 다른 방을 보았다. "이 모든 것은 너와 너의 군사들의 것이다"라고 그의 이름을 부르는 목소리가 넌지시 들렸다. "그래, 확실하다. 남쪽 전쟁에서 승리를 하고 위대한 왕자가 될 것이다"라고 프란치스코는 생각했다.

I 성찰 후 아래 질문에 답하시오.

1. 프란치스코 성인이 가난한 그의 친구에게 베푼 행동을 어떻게 생각하는가? 이것이 즉흥적이거나 감정적인 행동이었다고 생각하는가, 아니면 그 외에 어떤 다른 의미를 내포했던 행동이라고 생각하는가?

2. 당신은 전쟁에 참전하는 등 무력으로 귀족 계급이 될 수 있다고 믿는가? 이유는?

14

스폴레토의 밤

전쟁에 나가는 흥분으로 들뜬 전사들은 입대하는 날 아침에 아씨시를 떠났다. 뒤에서는 마을 여자들의 흐느끼는 울음소리와 스폴레토로 향하는 마을 입구에서 이별하는 가족과 친구들의 성공을 빌어 주는 소리가 함께 뒤섞여 들렸다.

스폴레토는 모든 전사가 모이는 장소였다. 야영 첫날 밤, 바로 그날 밤이 프란치스코의 삶에서 결정적인 밤이었다. 휴식시간에 홀로 있으면서, 그는 최근에 느꼈던 설명할 수 없는 수많은 느낌을 정리할 수 있었다. 그는 자기도 모르는 사이에 저절로 기도를 하기 시작했다. 그러자 매우 신기한 느낌을 받았다. 그것은 마치 하느님과 매우 가까이 있는 것 같은 느낌이었다. 갑자기 그는 하느님이야말로 지극히 전능하시며, 사람이 섬겨야 할 유일한 분이심을 깨달았다. 자신을 되돌아보니, 헛된 영광에 눈이 멀어 그와 다를 바 없는 인간을 섬기려는 부족한 사람이라는 것을 느꼈다. 그의 영혼의 깊은 곳에서 '잘못된 판단으로 선택한 전쟁의 길을 접고 아씨시로 되돌아가라'는 목소리가 울렸다. 프란치스코는 그 목소리가 무기와 아름다운 여인이 나타난 꿈에서 들려오던 바로 그 목소리인 것을 알아차릴 수 있었다.

그는 자신도 정확한 이유를 알 수 없었으나 아씨시로 되돌아갔다. 그는 무섭거나 비겁해서가 아니라 돌아가야 하기 때문에 돌아가는 것이라고 확신하였다. 그리고 다음 날 곧바로 실천에 옮겼다.

T 성찰 후 아래 질문에 답하시오.

1. 스폴레토의 밤에 프란치스코에게 일어난 급작스러운 변화는 무엇 때문이라고 생각하는가?

2. 삶의 중요한 결정을 해야 할 순간에 성찰, 침묵, 기도는 어떤 가치를 가지고 있는가?

15

이별 잔치

프란치스코는 그의 마음속에서 일어난, 설명이 불가능한 어떤 힘에 의해서 아씨시로 돌아왔다. 그러나 그는 자신의 마음속에서 일어난 변화를 알 수 없었다. 거기다 되돌아온 그에 대한 아버지의 분노와 어머니의 꾸중, 친구들과 이웃들의 조롱과 빈정거림을 참아 내기란 그리 쉬운 일이 아니었다. 아직은 설명할 수가 없었다. 왜냐하면 자신도 확실히 몰랐기 때문이다. 그러나 확실한 것은 스스로 자신이 비겁하다고 느끼지 않는다는 것이었다.

앞으로 그는 어떻게 해야 할까? 어떻게 자신이 할 일이 무엇인지 정확히 알 수 있을까? 아버지의 가게로 돌아오긴 했으나 그 곳에 머무는 일이 점점 더 힘들게 느껴졌다. 그래서 기회가 있을 때마다 도망쳐 나와 평원에 가서 생각하고 기도했다.

그의 파티 친구들은 프란치스코의 변화를 눈치채고 걱정하였다. "어쩌면 최근의 실패로 인해 부끄러워하고 있을 수도 있다"며

자기들끼리 수군거렸다. 그래서 프란치스코에게 기운을 북돋워 주고 지나간 일을 잊게 하려고 온갖 노력을 다했다.

때마침 기회가 찾아왔다. 봄 축제 기간이 되었고, 친구들은 그에게 '연회의 왕'임을 인정하는 지휘봉을 주었다. 프란치스코는 그 임명을 받아들였다. 그러나 그것은 그가 친구들에게 전처럼 밤 연회를 즐길 수 있도록 베풀어 준 마지막 이별 잔치였다.

언제나처럼 이번에도 프란치스코가 연회의 모든 비용을 지불했다. 식탁은 그 어느 때보다도 화려하게 빛났고, 포도주 역시 푸짐하였다. 그러나 연회가 끝나고 아씨시의 밤거리를 순회할 시각이 되자, 친구들은 밤하늘의 별빛에 비친 프란치스코가 예전처럼 웃으며 노래하고 있지 않다는 것을 눈치챘다. 그날 밤 프란치스코는 친구들에게 그가 상상조차 못했던 가장 아름다운 여인을 사랑하게 됐다고 고백하였다.

T 성찰 후 아래 질문에 답하시오.

1. 프란치스코의 태도 변화에 대한 가족들의 분노와 친구들의 조롱을 참아 내는 그의 용기를 어떻게 설명할 수 있는가?

16

자신과의 내적 싸움

프란치스코는 이제 떠들썩한 연회나 축제보다는 그의 식탁에 가난한 이들을 초대하기를 원했다. 기회가 주어질 때마다 아버지 모르게 어머니의 묵인 아래 그들을 초대했다. 그는 가난한 이들과 함께 하는 것이 기쁘고 마음이 편안했으며, 다른 이들에게선 찾아보기 힘든 관대함과 선심을 갖고 그들에게 직접 밥상을 차려 주었다.

프란치스코는 내적 고요에 대하여 점점 더 생각하게 되었다. 아씨시 주변을 자주 거닐었고 가끔은 온종일 걷기도 했다. 해결되지 않은 그의 불안과 초조에 관해 털어놓았던 믿을 수 있는 친구 한 명과 자주 동행했다.

점점 더 기도 생활에 익숙해져 갔다. 프란치스코는 그의 친구뿐 아니라 스폴레토에서의 그날 밤에 그에게 계시를 준 신비한 하느님과도 대화가 필요하다고 느꼈다. 하느님과 대화할 수 있는 공간을 만드는 일이 시급했다. 단지 그분만이 자신이 할 일을 가르쳐 줄 수 있을 것이라 생각하였다.

　많은 의구심을 가진 그만큼 더 많은 기도를 하였다. 프란치스코는 '내가 과연 가난한 사람처럼 살아갈 수 있을까? 어쩌면 아씨시의 거리를 방황하고 다니면서 모든 사람으로부터 무시당하는 거지 꼽추처럼 소름 끼치는 사람이 되지는 않을까? 차라리 예전으로 돌아가서 평범하게 사는 것이 더 낫지 않을까? 아니면 유명한 기사는 어떨까?' 하는 생각들을 하였다. 그때마다 그는 "하느님, 당신이 나에게 원하는 것이 무엇인지 볼 수 있도록 나의 마음 속의 어둠을 비춰 주소서"라고 하느님께 청원하는 신음, 아니 거의 절규를 하였다. 평원의 숲들과 수바시오의 동굴들은 그의 이런 내적 싸움의 증인들이었다.

T 성찰 후 아래 질문에 답하시오.

1. 프란치스코 성인의 생애 중 이 시기의 그에게 내적 싸움을 하게 하는 가장 중요한 요소 4가지를 자신의 언어로 묘사하시오.
2. 당신이 이런 상황과 비슷한 삶을 살고 있거나 또는 살아 본 경험이 있다면 설명하시오.

17

거지로서의 첫 번째 수업

그의 내적 갈등 속에서 프란치스코는 단지 가난한 이들을 돕고 그들과 가진 것을 나누는 것으로만 만족하지 않고, 그들에게 완전히 동화되어야 한다는 사실을 점차 깨달아 갔다. 그러나 어떻게 하면 그럴 수 있을까? 이곳 아씨시에서? 고향 사람들은 그를 이해할 수 없을 것이다. 갈등이 고조될 것이다. 그렇다면 어디서 실천해야 하나? 어쩌면 다른 곳에서 실천하는 것이 더 현명할 수도 있을 것이다. 그의 마음속에선 끊임없이 회피와 인간 존중의 두 개념이 뒤섞여 맴돌았다.

그는 자신의 미래에 대해 생각할 필요성을 안고 사도 베드로와 바오로의 무덤 앞에서 기도할 목적으로 로마 순례를 계획하였다. 순교자들처럼 길을 떠날 것이며, 어쩌면 이 여정이 그의 꿈을 실현할 수 있는 기회가 될 수도 있을 것이다.

로마에 도착했지만 생각과는 달리 성전에서 그리 오랜 시간 기도할 수 없었다. 호기심 많은 구경꾼이 북적거리고, 큰 양초와 봉헌물을 사고 팔던 그곳은 묵상하기에 그리 적합한 곳이 아니었을지도 모른다. 더구나 순례자들이 봉헌에 인색한 모습을 본 그는 화가 나서 마치 항의라도 하듯 동전 한 주먹을 대리석 바닥 위에 소리가 나도록 내던졌다.

큰 도시의 거리를 다니면서도 화려한 건물이나 과거의 기념물에 집중하기보다는 무의식적으로 그가 지나가는 길과 성전 입구에 자리잡은 거지들한테로 관심이 쏠렸다. 갑자기 알 수 없는 신비스러운 힘에 이끌려 그는 거지 흉내를 내기로 결심하였다. 한 젊은 거지에게 옷을 바꿔 입자고 설득하는 것은 그리 어려운 일이 아니었다. 잠시 후 그는 누더기 차림으로 행인들에게 구걸하는 거지들 사이에 있으면서 얻은 애긍물을 다른 거지들과 함께 나누었다.

실제로 거지로서의 첫 번째 학습은 비록 어렵기는 하였지만 그의 마음속에 깊은 평화를 가져다 주었다. 오래 전부터 그에게서 멀어져 있던 그 평화였다.

성찰 후 아래 질문에 답하시오.

1. 프란치스코 성인의 행동을 그의 삶의 진보라고 생각하는가? 아니면 또 다른 일시적인 광기라고 평가하는가? 이유를 설명하시오.
2. 거지처럼 옷을 입었을 때 행동에도 변화가 생긴다고 생각하는가? 이유는 무엇인가?
3. 당신도 인간 존중에 대한 유혹을 느껴 본 적이 있는가?

18

입맞춤으로 얻은
작은 평화

　프란치스코는 아씨시로 돌아와서 도시를 둘러싸고 있던 한적한 장소들을 즐겨 찾았다. 아직도 그는 이미 흥미를 잃은 예전의 것들과 현재 열망하는 것들 사이에서 혼란스러웠고, 그것에 대해 고심하였다. 그가 흥미를 잃은 것들은 이전 과거의 삶이었고, 현재 열망하는 것들은 가난한 이들의 삶이었다. 그는 자신이 해야 할 일과 그 일을 할 수 있는 용기가 있는지 확신할 수 없었다.
　그러나 분명한 것은 아버지의 재물에 대한 집착, 도시의 사회적 불평등, 부자들이 행하는 경제적 탄압, 가난한 이들의 빈곤과 고통, 많은 성직자의 추문과 교황청의 불필요한 사치 등 세속적인 것에 대한 그의 반감이 점점 더 거세져 갔다는 사실이다.
　그는 깊은 생각에 몰두해 있느라 자기 앞에 불현듯 나타난 나환자의 종소리를 듣지 못하였다. 일그러진 얼굴과 고름으로 가득한 몸에서 풍기는 악취와 문드러진 손으로 구걸하는 모습을 본 그는 마음속 깊이 자비심과 동정심과 더불어 혐오와 역겨움을 동시에 느꼈다. 말을 돌려서 전속력으로 도망가고 싶었으나 갑자기 그의 내면에서 한 줄기의 빛이 그 나약함을 비추었다. 자책할 시간도 없이 곧장 말에서 내린 그는 멈춰 선 나환자한테 걸어가 동전으로 가득 찬 주머니를 쥐여 주고는, 마치 신비로운 자석에 끌린 듯 그와 가슴을 맞대고 뺨에 입을 맞추었다.

그날 오후 움브리아의 하늘은 석양으로 붉게 물들어 있었다. 프란치스코는 행복을 느꼈다. 그는 승리한 것이다. "과거에는 그에게 쓰고 역겨웠던 것이 지금은 영혼과 육신의 달콤함으로 변하였다." 아씨시로 돌아오는 길은 그 어느 때보다 짧았다.

T 성찰 후 아래 질문에 답하시오.

1. 프란치스코 성인의 당시 사회를 향한 비판과 나환자와의 만남에서 어떤 연계성을 발견할 수 있는가?

2. 오늘의 사회에서 나환자는 누구인가?

3. 그런 나환자들이 이처럼 많은 이유는 무엇 때문인가?

19

산 다미아노 성당을 위한
쉬운 해결책

　1월 어느 날 오전에 프란치스코는 아씨시 주변을 거닐다가 거의 반 정도 허물어진 산 다미아노 성당에서 기도를 하면서 놀라움을 금치 못했다. 성당 안쪽 벽에 매달려 있는 십자고상 앞에서 조용히 무릎을 꿇고 있을 때였다. 스폴레토 계곡에서의 일이 지난 지 꽤 되었으나 아직도 무엇 때문에 아씨시로 돌아왔는지 모르고 있었다. 그때 주님은 그가 무엇을 해야 하는지 아직 분명하게 말씀해 주지 않으셨다.
　십자고상의 온화한 얼굴을 응시하고 있을 때 커다란 두 눈이 그에게 허물어진 벽을 가리키는 것처럼 보였다. 그는 갑자기 자신이 할 일은 교회를 수리하는 것임을 느꼈다.
　그날 오후 그는 말을 타지는 않았으나 매우 기쁘게 노래하면서 동전이 가득한 주머니를 가지고 폴리뇨로부터 돌아왔다. 그 동전은 타고 간 말과 아버지의 가게에 있던 옷감을 펠리치아노 장터에서 판 몫이었다.

늙은 사제는 그 돈을 원하지 않았다. 탐욕스러운 베드로 베르나르도네의 분노에 대항하기보다는 차라리 황폐하고 쓰러져 가는 성전이 더 나았기 때문이다. 다른 한편으로는 이 모든 것이 그 장사꾼 아들의 또 다른 광기인 것처럼 보이기도 했다.

그는 자신의 선의가 거절당하자, 실망하여 그가 가진 모든 돈을 길모퉁이에다 뿌리기로 결심하였다. 그 돈은 자신을 위해서 번 돈이 아니었기 때문이다. 며칠 후 냉정을 회복한 그는 부자 아버지의 돈으로 성전을 수리하겠다는 생각이 너무 안이한 판단이었다는 것을 알게 되었다.

T 성찰 후 아래 질문에 답하시오.

1. 산 다미아노 성당에서의 프란치스코의 체험은 '그리스도와의 만남'이라는 성소 과정에서 그의 요구에 대한 응답으로 나타난 것이다. 이와 같은 요구를 당신도 느껴 본 적이 있는가? 있다면 어떻게 나타났는가?

2. 프란치스코 성인이 옷감을 팔았던 것처럼 오늘날 특정 문제를 풀기 위한 쉬운 해결책은 어떤 것이 있을까?

20

두 감옥 사이에서

　사제는 프란치스코에게 돈은 받지 않았지만 성당에 인접한 방에 기거하는 것을 허락하였다. 당시에 특별한 방법으로 하느님을 섬기고자 자신을 봉헌하는 사람들에게 이것은 통상적인 관례였다. 프란치스코는 그의 아버지 집에 더는 살고 싶지 않았다.
　며칠 지나지 않아 그는 아버지가 가게 물건들이 줄어들고 말 한 마리가 사라진 것을 알아채고 몹시 화가 났다는 소식을 전해 들었다. 분노하는 아버지의 위협 앞에서 자신이 무방비 상태임을 깨닫고 인근의 숨을 곳을 찾았다. 오직 믿을 만한 친구 한 명만이 유일하게 그가 숨어 있는 곳을 알고 가끔 그에게 식량을 갖다 주었다. 그가 자처한 감옥 생활 동안 기도로 근심 걱정을 씻어 내고 단식으로 두려움을 잠재웠으니, 이는 그를 평온하게 변화시켰다.
　그는 몇 달 간의 자발적인 은둔 생활이 가져다 준 강인해진 정신으로 무장한 채 아씨시로 발걸음을 옮겼다. 더는 어떤 해답을 기다리던, 스폴레토에서 돌아왔을 때의 혼란스럽고 자신 없던 그런 프란치스코가 아니었다. 그는 이미 그의 선택에 대해 이유를 설명할 수 있었고, 그 결과에 대항할 수 있는 확신에 찬 사람이었다.

그가 얻은 침착함은 용기로 변해 더는 어른들의 비웃음이나 아이들이 퍼붓는 돌멩이 세례 또는 그의 아버지의 야만적인 폭력에 대해서도 개의치 않았다. 그의 아버지는 욕설을 내뱉으면서 난폭하게 그를 집으로 끌고 가 사슬로 묶은 후 지하실에 가둬 놓았다.

이 모든 상황으로 심하게 고통받았던 피카 부인은 남편 몰래 프란치스코를 돌보았다. 아들의 의지를 바꾸기 위해 여러 차례 설득을 했으나 결국 비밀리에 아들의 선택을 함께 나누게 되었다. 그래서 베르나르도네의 부재를 틈타 그녀는 자신의 행동에 대한 결과를 각오하고 아들을 풀어 주면서 은총을 빌어 주었다.

T 성찰 후 아래 질문에 답하시오.

1. 프란치스코 성인이 20과에서 얻은 평화와 확신을 어떻게 설명할 수 있는가?

2. 프란치스코 성인의 성소 과정이 그의 선택에 대해서 설명할 수 있도록 만들었다. 당신은 이것이 중요하다고 생각하는가? 그 이유는?

3. 만약 당신이 어떤 결정을 취했다면 그 결정에 대한 동기부여는 무엇이었는가?

21

예언적 행동

　베드로는 아들의 완고한 고집과 부인의 공모 앞에서 무력함을 느꼈다. 그래서 법으로 이 문제를 해결하고자 마음먹었다. 이미 성인成人인 프란치스코에게 더는 경제적 원조를 하고 싶지 않았고, 그가 훔친 것에 대한 배상을 청구할 목적이었다. 그래서 아씨시의 집정관들에게 소송을 제기하였다.
　프란치스코는 귀도 주교의 충고로 산 다미아노 성당 봉사에 봉헌된 헌신자 신분임을 주장하며, 민간 판사들 앞에 출두하는 것을 거부하였다. 결코 백기를 들고 싶지 않았던 그의 아버지는 종교재판을 구성하여 그를 주교 앞으로 소환했다.
　아버지가 거의 절규하듯 아들을 비난한 후 잠시 침묵이 흘렀다. 모든 참석자의 시선이 프란치스코에게 집중되었다. 프란치스코는 마치 허락을 구하는 듯 주교를 잠시 바라본 후 주저하지 않고 알몸이 될 때까지 옷가지들을 하나하나 벗기 시작했다. 벗은

옷들을 산 다미아노에서 가져온 돈주머니와 함께 부드러운 눈빛으로 아버지를 바라보면서 그에게 되돌려 주었다. 프란치스코는 모두가 들을 수 있는 큰 목소리로 아버지에게 말하였다. "베드로 베르나르도네님, 이것들을 모두 가져가십시오. 당신은 이제부터 나의 아버지가 아닙니다. 앞으로 나의 유일한 아버지는 하늘에 계신 주님, 오직 그분 한 분뿐이십니다." 프란치스코는 말을 마친 후 양팔을 벌리고 앞을 바라보았다. 베드로 베르나르도네가 옷 꾸러미를 들고 수치심에 당황하며 서둘러 나가는 동안 사람들의 수군거리는 소리는 온 광장을 뒤덮었다. 한편, 주교의 망토로 몸을 가린 프란치스코는 아직 그의 예언적 행동의 깊이를 알 수 없었다.

T 성찰 후 아래 질문에 답하시오.

1. 21과에 등장한 세 명의 인물들의 행동을 면밀히 분석하시오: 베르나르도네, 귀도 주교, 프란치스코.

2. 프란치스코의 이 같은 예언적 행동이 오늘날 청소년들의 의사 결정에 본보기가 될 수 있는가? 어떤 의미에서 그렇다고 생각하는가?

22

모든 사물의 새로운 광채

그날 이후로 프란치스코는 전혀 다른 사람이 되어 있었다. 무엇인가를 찾으려는 과정과 해답 없는 질문들과 의구심과 실패한 시도 등 나약했던 이 모든 여정이 마침내는 확실한 무엇인가로 그 막을 내렸다. 그가 과거에 경험했던 두려움은 모두 사라졌다. 지금 그의 삶은 새로운 빛으로 빛나고 있다. 분명하고 결단력 있고 확실한 선택을 하였다. 그는 하느님을 선택한 것이었다. 하느님은 그의 아버지이고, 이것으로 그는 충분했다. 그는 행복했고 자유로웠다. 왜냐하면 그는 집도, 식량도, 성도, 직업도, 친구도, 명예도, 과제도 모두 털어 버린 알몸이었기 때문이다.

마치 공원에서 옆에 있는 부모의 보호를 실감하는 어린아이와 같은 확신을 가지고 프란치스코는 숲과 골목길에서 노래를 부르며 정처 없이 거닐었다. 모든 사물에서 새로운 광채가 보였다.

마치 온 세상이 특별히 그를 위해 다시 새롭게 태어난 듯하였다.

그 시점으로부터 모든 사건은 과거와 다른 의미를 가졌다. 그를 때리고 그가 입은 옷을 찢은 후 누더기로 만들어서 눈 구덩이 속에 던져 버린 도둑들을 만났을 때 프란치스코는 그 도둑들이 죄인이 아니라, 단지 하느님 아버지의 사신이 되는 것이 무엇을 의미하는지 아직 깨닫지 못하고 있을 뿐이라고 느꼈다. 굽비오 근처의 발린제뇨Valingeño 베네딕토 수도원에서 그의 찢어진 옷을 수선하지 못한 채 수도원 부엌에서 일한 품삯으로 빵 한 조각만 간신히 받았을 때도 프란치스코는 아씨시의 주교좌 광장에서 그가 선택했던 포기를 완전히 이행할 필요가 있다는 것을 깨달았다.

T 성찰 후 아래 질문에 답하시오.

1. 22과에서는 프란치스코가 겪은 고난과 '포기를 선택함으로써 얻은 자유'가 관계 있음을 말해 준다. 이 관계에 대해 성찰한 바를 적으시오.

23

과제의 발견

산 다미아노 성당에서 십자고상과의 만남 그리고 주 하느님이 그의 아버지라는 사실의 발견은 그가 생각하지도 못한 체험과 완전한 확신으로 그를 이끌었다. 과거에 언제나 헛되이 끝났던 그의 논리와 계획들이 자신을 이끌리라는 생각은 그 자체가 잘못되었다는 것을 몇 달 전부터 깨달았다. 그래서 그는 하느님 아버지의 손을 잡고 걸어가는 데 전념하였다. 그렇게 하는 것이 더 안전하다는 것을 느꼈다. 하느님의 길을 걸어가면서 자신의 계획이 무엇인지 발견할 수 있었다. 그 길은 매우 흥미로운 길이었다. 처음이 어디고 끝이 어딘지 몰랐으나 모든 전환점마다 놀라움이 준비되어 있었다.

첫 번째 전환점은 굽비오에서였다. 그곳에서 그의 친구 페데리코가 그에게 식량과 옷을 갖다 주어 혹독한 추위를 이겨 낼 수 있었을 때 프란치스코는 하느님의 자비로우심을 볼 수 있었다.

그다음은 굽비오 근처의 나환자촌에서였다. 그곳에서 그는 새롭게 예수 그리스도의 얼굴을 발견할 수 있었다. 그러나 이번에는 벽화 속(에서)의 얼굴이 아니라 나환자들의 문드러진 육신을 통해서였다. 프란치스코는 나환자들과 며칠 동안 함께 지내면서 그들의 삶을 좀더 기쁘게 해 주었다.

세 번째는 산 다미아노 성당에서였다. 아버지의 돈이 아닌, 본인이 아씨시 거리에서 직접 구걸한 돈과 마음씨 착한 농민들로부터 얻은 벽돌을 가지고 성전을 수리하고자 돌아온 곳에서였다.

T 성찰 후 아래 질문에 답하시오.

1. 프란치스코의 초기 계획은 무엇에 근거하고 있으며, 하느님이 인도한 그의 새로운 계획은 어떻게 나타났는지 간략하게 묘사하시오.

2. 하느님의 계획을 발견하고 그것에 자신을 그대로 맡겨 두는 것은 어떤 결과를 가져오는가?

24
또 다른 어려운 학습

이 미숙한 석수장이의 체력 고갈에 대해 동정심을 가졌던 산 다미아노의 사제는 무엇보다도 프란치스코의 확고한 목표 의식을 확인함에 따라 그에게 가졌던 회의적인 시각을 바꾸어 애정으로 대하기로 마음먹었다. 어머니처럼 밤새 음식을 준비하여 프란치스코와 함께 나눴다.

그러나 프란치스코는 그 같은 안전과 보호는 모든 것을 저버리겠다는 그의 결심에 상충한다는 것을 깨닫고 정중히 거절하였다.

그래서 여느 걸인들처럼 아씨시 거리에 몸을 던져 로마의 광장들에서 연습했던 것을 본격적으로 체험하기로 결심했다. 매일 산 다미아노 성당의 수리 작업이 끝나면, 아씨시로 올라가서 남의 집 대문을 두드려서 다른 걸인들처럼 그가 가지고 다니는 질그릇에 약간의 먹을 것을 달라며 애긍을 청하였다.

그것은 또 하나의 매우 어려운 학습이었다. 아무 집이나 현관 아래에 앉아 음식 찌꺼기가 한데 섞인 그릇을 보면, 구토가 날 정도로 역겨움을 느끼곤 했다. 맛 좋은 초콜릿 크림으로 길들여지고 맛있는 성찬을 즐기던 입맛인지라, 마치 예전에 혐오하던 나환자들로부터 받았던 전율마저 느꼈던 것이다.

그러나 여기서도 역시 예수 그리스도의 가난을 실천하고 마지막까지 모든 것을 저버리고자 하는 그의 집념이 승리했다.

T 성찰 후 아래 질문에 답하시오.

1. 24과가 제시하는 가장 중요한 가르침은 무엇인가?

2. 이는 오늘날의 젊은이들에게 어떤 가르침을 제공한다고 생각하는가? 그 이유는?

25

진실하게 살아가는 자

잦은 동냥으로 프란치스코는 일찌감치 아씨시 거리에서 구걸하는 걸인들과 친구가 되었다. 그들과 동냥한 것을 함께 나누고 돌을 운반하거나 성벽 쌓는 일을 했다.

이제는 프란치스코를 깊은 애정으로 대하면서 그를 칭찬하기까지 하는 아씨시 주민들이 여럿 생겼다. 많은 젊은이가 그를 매우 신비롭게 바라보곤 했다.

그들 사이에 귀족 출신의 한 아가씨가 있었다. 그녀의 이름은 클라라 파바로네였다. 아직 13세밖에 안 되었으나 이미 아름다운 여성의 매력으로 빛났고, 매우 확고한 성품이 돋보였다. 쉬피Scifi 백작의 궁에서 살고 있던 그녀는 창밖으로 그토록 많은 사람들의 입에 오르내리던 베드로 베르나르도네의 아들을 몰래 훔쳐보곤 했다. 그녀는 프란치스코가 남루한 옷차림이지만 형언할 수 없는 기쁨으로 가득 찬 얼굴로 프랑스어로 돌을 구걸하는 노래를 부르며 지나가는 것을 보고 그에게 매료되었다.

그를 보고 듣는 것이 좋았다. 왜냐하면 그에게서 왠지 모를 진실함을 느낄 수 있었기 때문이었다. 클라라가 보기에 프란치스코는 진실을 발견했고, 진실을 추구하는 삶을 사는 것처럼 생각되었다. 그에게선 가식이나 형식 또는 사회적 편견을 찾아볼 수 없었다. 그리고 그는 매우 행복해 보였다. 그녀의 집에서 봐 왔던 귀족들이나 그녀가 알고 있는 시민들과는 모든 것이 너무 달랐다.

T 성찰 후 아래 질문에 답하시오.

1. 25과에서 가장 마음에 드는 문장을 적고 그 이유를 설명하시오.

26

또 다른 시험들

아씨시로 동냥하러 나갈 때면, 프란치스코는 자주 그의 육신의 아버지의 집을 지나쳐야 했고 어떤 때는 불가피하게 그의 친척들과 마주치기도 했다.

아버지의 사고에 물든 남동생 안젤로는 프란치스코가 지나가는 것을 보고는 그를 경멸하면서 그의 옷차림과 가난을 비웃었다. 베르나르도네는 이집 저집 동냥을 하러 다니는 그의 미친 아들을 보고 괴로워하며 악담을 퍼부었다. 프란치스코에게 이것은 모든 시험 중에 가장 어려운 시험이었다. 왜냐하면 과거의 상처가 그대로 되살아나기 때문이었다. 그래서 그는 주교 앞에서 진행된 그 유명한 재판을 기억하며 그에게 친절한 늙은 거지 친구를 훈련시키기로 결심했다. 베르나르도네가 악담을 퍼부으며 지나갈 때마다 프란치스코는 큰 목소리로 그의 거지 친구에게 소리쳤다. "아버지, 저를 축복하여 주소서!" 그러면 그 거지 친구는 그에게 십자

표시를 하였다.

또한 프란치스코는 또 다른 어려운 시험들을 통과해야 했다. 예를 들어 산 다미아노 성당의 램프에 필요한 기름을 구하러 가서 테이블에 앉아 있는 옛 친구들을 보는 것이었다. 본능적으로 그는 그들에게 등을 돌리며 숨었다. 그런 행색으로 동냥하러 다니는 자신을 다른 사람도 아닌 바로 얼마 전까지만 해도 파티 친구들이었던 그들에게 보여 주는 것이 무척 수치스럽게 느껴졌기 때문이다. 그러나 곧 자신의 나약함을 극복하고 친구들에게 다가갔다. 그는 농담을 던진 후 광대마냥 프로방스 지방의 방언으로 그가 원하는 것을 청하였다. 그러기까지는 거의 초인적인 힘이 필요했다.

T 성찰 후 아래 질문에 답하시오.

1. 프란치스코의 성소 과정에서 이 같은 새로운 어려움은 무슨 의미를 가지고 있는가?

27

복음과의 만남

　산 다미아노 성당을 수리한 프란치스코는 건축가로서의 임무를 계속 수행해야 함을 깨달았다. 아씨시 성벽에서 아주 가까운 산 베드로 성당을 수리하였고, 그다음 계곡 중심부 울창한 숲 뒤쪽에 있는 포르치운쿨라의 산타 마리아 성당을 수리하였다. 포르치운쿨라의 산타 마리아 성당에서 프란치스코는 매우 안락함을 느껴서 그곳에 기거하기로 결정하였다. 그래서 그곳에서 매우 가까운 곳에 잠을 잘 수 있는 움막을 지었다. 또한 그곳에서는 긴 시간을 함께 한 그의 나환자 친구들이 있는 산 살바토레 병원도 가까웠다.
　오랜 시간이 흘러 프란치스코가 이렇게 살아가기 시작한 지 거의 3년이 되었다. 그동안 그는 많은 경험을 하였다. 그의 영혼을 정화시키고 성숙시킨 매우 행복한 경험도 있었지만 상당히 고통스러운 경험도 있었다. 이제 더는 많은 사람이 말했던 새로운 모험을 즉흥적으로 시도하던 미치광이도, 낭만적인 몽상가도 결코 아니었다.

프란치스코는 자신이 하는 일이 무엇인지 잘 알게 되었다. 그러나 무엇보다도 좋은 것은 그것을 찾아가는 과정이 행복하다는 것이다. 1208년 어느 날 아침 포르치운쿨라에서 미사를 마치고 난 뒤의 일이 말해 주듯 이것이 바로 진정한 여정이었다. 그는 수바시오 수도원에서 온 사제에게 다가가 미사 중에 읽은 복음을 설명해 달라고 요청했다. 그리고 그는 예수님의 제자들이 금, 은, 여벌 옷, 신발, 지팡이, 여행보따리 등을 가지고 다녀서는 안 되며, 평화와 회개를 설교해야 한다는 것을 즉시 이해하였다. 강력한 빛이 자신의 내면을 비추는 것을 느낀 그는 단호하게 외쳤다. "이것이 바로 내가 찾던 바다. 나는 이것을 실천하겠다!"

T 성찰 후 아래 질문에 답하시오.

1. 그의 성소 여정에서 복음과의 만남이 왜 중요한가?

28

평화의 새로운 설교자

프란치스코는 자신의 결정을 실천에 옮기는 데 시간을 지체하는 사람이 결코 아니었다. 그 결정들이 복음에 의한 것이라면 더욱더 그랬다. 그의 오래된 전기에는 다음과 같은 말이 있다. "그는 복음에 대해 귀머거리가 아니었다."

그다음 날 아씨시의 주민들은 그가 오는 것을 보았다. 그는 은수자의 복장이 아닌 그 지역의 농민들과 같이 간단한 투니카를 입고 가죽끈을 허리에 동여맨 맨발 차림이었다.

그는 매우 기쁘고 확신에 찬 모습이었다. 길에서 만나는 모든 사람에게 평화를 빌어 주며, 그들을 중앙 광장으로 초대했다. 호기심에서인지 또는 그의 표정에서 나오는 힘에 의해서인지는 모르겠으나 확실한 것은 많은 사람이 시청 앞에 모였다는 것이다. 그곳에서 프란치스코는 사람들에게 각자의 삶을 변화시킬 필요성에 대해서 매우 쉽고 간단한 말로 설명했다. 마치 대화를 주고받는 듯했다. 수려한 언어를 사용하지 않고 진실을 설교하였다. 특히 머릿속의 지식이 아닌, 자신의 말이 경험을 통해 확인한 진실임을 확신하는 사람처럼 말했다. 그의 설교는 매우 간결했고 청중들은 그가 말한 것을 모두 이해했다.

프란치스코는 설교자로서 첫 번째 경험이 만족스러웠다. 그는 두려움을 이겼다거나 자신이 한 설교 내용 때문이 아니라 복음의 말씀을 이같이 실천으로 옮기기 시작했다는 점에 대해 만족했다.

T 성찰 후 아래 질문에 답하시오.

1. 프란치스코가 설교할 때 가진 신념의 힘은 어디에서 나온 것인가?

2. 오늘날 다른 사람들이 그리스도의 메시지를 받아들이게 하기 위해 우선적으로 해야 할 일은 무엇인가?

29

형제들과의 만남

프란치스코는 여러 차례에 걸쳐 아씨시로 올라가서 처음처럼 사람들에게 설교하였다. 시간이 지남에 따라 시민들은 베드로 베르나르도네의 아들이 전처럼 장난을 치는 것이 아니고, 그의 광기가 진지한 것이라고 점점 더 믿게 되었다. 그것은 진정 '복음에 대한 광기'였다. 몇 젊은이들을 잠에서 깨운 이 신비스러운 찬양은 점차 명확해져서 어떤 이들은 두려움을 극복하고 나서 프란치스코와 같은 삶을 살고 싶다고 결심하기에 이르렀다.

프란치스코에게 다가온 첫 형제들 중에는 퀸타발레의 베르나르도라 불리는 귀족 가문 출신의 부유한 친구와 산 루피노 성당의 참사회 회원인 베드로 카타니가 있었다. 프란치스코 입장에서 이런 상황은 좀 당황스러웠다. 왜냐하면 그의 추종자가 생길 것이라고는 전혀 생각조차 못했기 때문이었다.

어찌 되었든 그들이 프란치스코에게 무엇을 해야 하는지 질문하자, 그는 그들에게 충고를 하거나 자신처럼 거리를 다니라고 요구하지 않았다. 그들에게 한 유일한 제안은 복음을 따르라는 것이었다. 복음의 삶이 그에게 유일하게 따를 목표라면, 형제들에게도 동일하게 적용되어야 하기 때문이다.

그들은 아씨시의 시장 가까이 있는 산 니콜로라는 작은 성당으로 들어갔다. 잠시 기도를 한 후 하느님이 그들에게 원하는 것이 무엇인지 알아내고자 복음서를 세 번 펼치기로 결정했다. 마침내 그들은 성경에서 자기들의 생활 양식을 발견할 수 있었다.

"네가 완전한 사람이 되려거든, 가서 가진 것을 다 팔아 가난한 사람들에게 주어라. ··· 그리고 와서 나를 따라라."

"그리고 그들을 설교하러 보내셨다. ··· 그리고 말씀하셨다. 길을 떠날 때에 아무것도 가져가지 마라.···"

"누구든지 내 뒤를 따라오려면, 자신을 버리고 제 십자가를 지고 나를 따라야 한다. ··· 나 때문에 자기 목숨을 잃는 사람은 목숨을 얻을 것이다.···"

T 성찰 후 아래 질문에 답하시오.

1. 프란치스코 성인은 왜 그의 첫 번째 동료들에게 무엇보다도 먼저 복음을 따르라고 제안하는가?

2. 프란치스코 성인의 삶에 대한 계획 가운데 어떤 것들이 복음서에서 발견되는가?

30

도깨비들처럼

　베르나르도와 베드로는 거지들의 환호와 시민들의 경탄 속에서 그들의 전 재산을 나눠 준 후 프란치스코와 함께 포르치운쿨라의 움막으로 살러 갔다. 며칠 후 그들과 함께 살고 싶어 하는 또 다른 형제가 한 명 더 추가되었다. 에지디오라 불리는 형제였다. 그는 부자도 귀족도 학식이 풍부한 사람도 아니었으나 하느님의 지혜를 가지고 있었다. 그의 단순한 문장과 말들은 상대방을 깊이 생각하게 했다.
　곧 4명의 형제들은 복음의 명령을 실천에 옮기기로 결심하였다. 그들은 프란치스코가 입었던 옷과 비슷한 낡은 투니카 차림으로 둘씩 짝을 지어 다른 도시로 설교하러 갈 결심을 하였다.
　사실 아직까지 그들은 할 말이 많지 않았고, 무엇보다도 대중들 앞에서 말하는 것에 대한 공포증이 있었다. 대부분 무한한 자유의 주인처럼 매우 기쁘게 노래를 부르거나 도시의 회당이나 성당에서 정성껏 기도를 바치는 데 그쳤다. 가장 말을 많이 하는 형제는 프란치스코였다. 그러나 매우 간결하게 하였다. 에지디오 형제는 프란치스코를 동반하면서 사람들에게 프란치스코가 매우 좋은 사람이므로 그의 말을 따르라고 권하는 것으로 만족해 했다.

초기 사도직은 실패작이었다는 것을 인정할 필요가 있다. 그들은 그들의 설교를 들었던 사람들로부터 많은 의구심과 경멸을 받았으며, 심지어는 거절을 당하기까지 했다. 그들이 나타나면 여자들과 어린이들은 마치 도깨비를 본 것처럼 피해 달아났고, 많은 곳에서는 그들을 쫓아내려고 돌이나 다른 물건들을 그들에게 던지기도 했다.

이 모든 것으로 인해 그들이 포르치운쿨라 성당으로 함께 돌아오는 길은 더욱 기쁨에 넘쳤다. 그들은 함께 돌아오는 길에서 다시 형제애와 평화를 나눴다.

T 성찰 후 아래 질문에 답하시오.

1. 이 이야기 중 가장 마음에 드는 아이디어는 무엇인가? 이유를 설명하시오.

31

이해할 수 없는 거지들

움브리아 전 지역에 포르치운쿨라의 회개하는 형제들의 존재가 알려지는 데는 얼마 걸리지 않았다. 그래서 그들에게 새로운 형제들이 점점 늘어나기 시작했다. 프란치스코와 만난 모든 사람은 열정으로 채워져 갔다. 왜냐하면 프란치스코는 그들에게 장황한 설명보다는 그의 삶 자체와 하느님께 대한 경험을 일러 주기 때문이었다. 그들은 많은 시간을 기도와 그들의 이상을 함께 나누는 데 할애하였다. 그들 중 일부는 매일 아씨시까지 올라가서 프란치스코와 함께 음식을 구걸하여야 했다.

얼마 지나지 않아 형제들을 향한 아씨시 주민들의 감정은 경탄에서 불만으로 변하다가 격렬한 비난으로까지 이어졌다. 그들의 비난이 전혀 이치에 어긋난 것은 아니었다. 왜냐하면 자신들의 식량을 활기 넘치는 젊은 청년들에게 거저 주는 것은 정당하지 않았기 때문이다. 특히 이 젊은 청년들의 대다수는 탁발 생활을 하려고 본인의 재산을 남에게 거저 던져 준 사람들이었다.

귀도 주교는 프란치스코와 그의 형제들의 복음의 여정에 지속적인 관심을 갖고 있었다. 주교는 그들의 어려움을 이해하면서 그들의 생존에 대해 많은 우려를 했다. 그래서 그는 그들에게 토지를 제공할 의사를 밝혔다. 그 땅을 경작해서 소득을 창출하면 형제들이 동냥 생활을 면하게 될 것이니 제안을 수락해 달라고 말하였다. 그 제안은 더없이 유혹적이었으나 프란치스코는 즉시 대답하였다. "주교님, 저희가 그 소유물을 얻게 되면 그것을 지키기 위해 무기를 필요로 할 것입니다. 그것을 지키는 과정에서 소송이 발생할 것이며, 그 소송으로부터 분열이 발생하고 분열에서부터 사랑과 평화의 결여가 생길 겁니다." 깊고 강한 신념의 결과물처럼 자연스럽게 그 말이 튀어 나왔다. 그는 단호하게 그러나 동시에 미소를 지으며 매우 부드럽게 대답했다. 귀도 주교는 그의 경험으로 비추어 볼 때 프란치스코가 말하는 것이 진심이라는 것을 알고 있었으므로 침묵으로 그의 말에 동의하였다.

그로부터 형제들은 식량을 그들의 손으로 직접 일해서 얻어야 된다는 것을 배웠다. 그러나 가장 가난한 사람들과 마찬가지로 땅을 경작하고, 도시에서 가장 미천한 직종에 종사하는 일꾼처럼 일해야 했다.

T 성찰 후 아래 질문에 답하시오.

1. 프란치스코가 주교에게 한 대답과 그 방식에 대해 어떻게 생각하는가?
2. 형제들이 육체적 노동에 부여한 의미는 정당하다고 생각하는가? 이유는?
3. 이 의미는 오늘날 적용될 수 있을까? 어떤 방식으로?

32

새로운 사도적 여행

여덟 명의 형제들이 모였을 때 그들은 새로운 사도적 여행을 떠나기로 결심하였다.

형제들은 그 여행을 위해서 더 철저하게 준비했다. 더 많이 기도했고, 복음을 함께 읽었으며, 프란치스코의 지혜로운 가르침을 열심히 받아들였다. 출발 당일 아침은 혹독한 겨울의 추위가 옷깃을 파고들었지만, 그들은 내면에서 뿜어 나오는 열기로 가득하여 길을 나섰다. 그들은 둘씩 짝을 지어 십자가 모양을 그리듯 동서남북 방향으로 각각 출발하였다.

프란치스코는 리에티 계곡으로 갔다. 그가 지날 때 면 모든 주민이 정의를 실천하고 평화롭게 살라고 초대하는 그의 활기찬 음성을 들을 수 있었다.

프란치스코는 시간이 허락될 때면 언제나 밤에 가까운 숲속이나 산꼭대기에서 약간의 휴식을 취한 후 혼신의 힘을 바쳐 기도하였다. 어느 날 밤 그는 산기슭에 걸쳐 있는 포지오부스토네

Poggiobustone의 교외로 갔다. 그는 거의 본능적으로 더 높은 곳에 올라가서 독수리처럼 평지를 향해 있는 작은 동굴 속으로 들어갔다.

그때 그는 그곳에서의 체류 기간을 연장하기로 결정하였다. 왜냐하면 그의 영혼에 많은 불안감이 쌓여 있었기 때문이다. 그는 하느님의 어떤 계시를 필요로 했다. 하루하루 새로운 형제들이 찾아와 모두 자신을 기준의 척도로 생각하는 것을 보고 그는 두려움을 느꼈다. 그는 작고 연약한 존재였고, 그의 죄를 고통스럽게 기억하고 있었다. 그의 형제들이 설교를 하는 며칠 동안 그는 기도에 전념하였다. 마침내 어느 날 아침 동틀 무렵 해가 동녘 산 너머에서 떠오를 때 그는 자신의 영혼이 빛으로 가득 차오르는 것을 느꼈다. 그러고는 매우 낙관적으로 그가 할 일을 결정했다. 모든 형제를 위한 복음적 소명을 생활규범으로 하여 그것을 우리 형제회의 으뜸가는 기준과 척도로 삼을 것이다. 그리고 그 규범을 인준받기 위해 교황께 가져갈 것이다.

T 성찰 후 아래 질문에 답하시오.

1. 32과에서 또 다시 혼신을 다해 기도하는 프란치스코 성인을 보았다. 그는 왜 그렇게 기도하는가? 무엇을 위해 기도하는가?
2. 이 같은 태도는 오늘날의 우리에게 어떤 교훈을 주는가?

33

회개자들의 로마행

　3월 마지막 주 형제들이 포르치운쿨라에서 다시 만나기로 정한 그 주간에 일어난 일을 설명하기란 쉽지 않다. 마치 수업이 끝난 후 쉬는 시간을 맘껏 즐기는 학생들과 같았다. 서로 포옹하고, 웃고, 수많은 일화를 함께 나누며, 새로 입회한 형제들과 함께 하느님께 찬미를 드렸다. 형제들의 수는 벌써 열두 명이 되었다.

　기도 시간을 늘리기 시작한 지 며칠 후 열두 명의 '아씨시의 회개하는 이들'은 로마를 향해 힘차고 희망에 찬 발걸음을 옮겼다. 짐 꾸러미 깊은 곳에 그들의 생활규범을 잘 포장하여 갔다. 이 규범은 형제들이 모이기 시작했을 때 프란치스코가 모두의 길잡이로 구성하였던 복음 구절들을 적은 양피지였다. 프란치스코는 거기에 몇 가지 매우 기본적인 실천 사항을 추가했다.

　그들의 계획은 교황이 계신 곳을 찾아가서 그들의 생활규범에 대한 그분의 축복과 더불어 인준을 요청하는 것이었다. 그들은 오직 이 같은 방법만이 그들의 취지를 충실히 보전해 줄 수 있다는 확고한 신념을 지니고 있었다.

그들은 며칠 동안 걸었다. 그들이 지나는 길은 노래와 창조주에 대한 찬미로 가득 찼다. 마을에는 언제나 그들의 평화 인사 메아리가 울려 퍼졌다. 그들은 성전의 입구나 옛 에트루리아Etruria 건물의 유적지에서 휴식을 취했으며, 숲 그늘이나 시원한 샘물을 발견할 때면 언제나 모여 앉아 이를 기도 장소로 활용하였다.

T 성찰 후 아래 질문에 답하시오.

1. '열두 회개자들'이 살아야 할 복음적 양식을 교황으로부터 인준받고자 하는 목적을 어떻게 설명하겠는가?

34

희망의 시험

로마에 도착한 다음 그들의 희망은 시험에 들었다. 그들의 과제는 처음 예상과 달리 쉽게 진행되지 않았다. 맨발 차림의 열두 회개자들이 조력자나 중재자 없이 장엄한 라테라노 궁 입구를 통과하여 인노첸시오 3세 교황이 계신 곳까지 대리석 계단을 오르는 일은 그리 쉬운 일이 아니었다. 먼저 다른 문들을 두드리고 미로 같은 로마 거리를 헤매야 했다.

그때 프란치스코와 형제들의 온전한 삶과 순수한 의도를 이해한 사람이 바로 성 바오로의 요한 추기경이었다. 그는 그들을 교황청까지 안내했다. 교황은 그들을 꼼꼼히 살펴보면서 많은 질문을 했다. 당시 몇 년 동안 교회의 여러 곳에서 발생한 사건들을 보았을 때 이 회개자들의 새로운 움직임의 미래를 걱정하지 않을 수 없었다. 더욱이 그들이 계획한 대로 복음에 따라 산다는 것은 매우 불가능해 보였다. 그래서 교황은 그들에게 옛 수도승들의 규칙 가운데 하나를 따르라고 제안했다.

형제들을 대표하여 교황의 거의 모든 질문에 답한 프란치스코는 이 시점에서 전사의 용맹성을 발휘하였다. 그는 유일한 생활 규범인 복음을 온전히 실천하며 살라고 지시한 분은 인간이 아니라 하느님이라고 교황에게 대답하였다. 지금 이것을 실천할 수 없다면 영원히 못 할 것이고, 교황과 교회가 그들의 삶을 인정해 준다면 그와 형제들에게 크게 도움이 될 것이라며, 이러한 이유로 교황을 찾아왔노라고 말하였다.

교황과의 두 번째 알현에서 교황의 말은 형제들에게 설명할 수 없는 영감을 가지고 있는 것처럼 보였다. 첫 번째 알현과 두 번째 알현 사이에 매우 신기한 일이 일어났다.

두 번째 알현에서 교황의 말투는 거의 예언적이었다: 그들에게 생활양식을 구두 인준해 주었고, 그들이 약속했던 복음에 대한 충성을 권고했으며, 또한 그들에게 회개와 평화를 설교할 수 있도록 허락해 주었다. 그리고 그들과 헤어질 때에는 그들을 강복하고 모두를 포옹해 주었다.

T 성찰 후 아래 질문에 답하시오.

1. 프란치스코 성인이 그의 이상을 표현하기 위해 교황 앞에서 행한 방어는 정당하다고 생각하는가? 그 이유는?

2. 교황의 행동에 대해 당신의 의견을 말하시오.

35

참새 떼처럼

봄이 한창이었다. 나무들이 잎사귀를 한껏 뽐내고 있었고, 꽃들은 여러 빛깔로 초록 들판을 물들이기 시작했다. 모든 것이 그날 새벽 해가 뜨자마자 새롭게 태어난 듯했다. 어두운 투니카 차림의 몇 거지들이 이 모든 것을 등장시킨 것처럼 그들은 걷는 대신 참새 떼마냥 날아서 아씨시로 돌아오는 것 같았다. 그들은 어린아이들처럼 거의 춤을 추듯 뛰면서 소리 높여 하느님을 찬양했다. 그들은 행복에 겨워 어쩔 줄 몰라 했다.

프란치스코는 놀라움에서 깨어나지 못했다. 과거에 겪었던 모든 고통들은 지금 그들이 받은 이 선물 앞에서 아무것도 아님을 느꼈다. 그래서 그는 노래하고 기뻐하며, 하느님 찬양에서 으뜸이 되었다.

그날 오후 일정을 마친 후 그날 얻은 동냥거리를 서로 나누고 휴식을 취하면서 로마의 일화를 각각 이야기하였다. 성 안토니오 성당에 도착했던 일, 성 베드로 묘소를 첫 방문했던 일, 교황청 진입 실패와 아씨시의 귀도 주교와의 섭리적 만남, 형제들이 며칠 동안 요한 추기경의 집에 머물렀을 때 그가 베풀어 준 따뜻한 환대, 인노첸시오 교황 앞에서 느꼈던 두려움 등 이 모든 것이 그들에게는 음유시인들이 들려 주는 하나의 우화와도 같았다.

형제들과 화기애애하게 대화를 나누던 중 프란치스코도 먼 곳에 시선을 두고, 마치 그의 입술에서 터져 나오는 영감 어린 말들을 멀리서 읽는 듯 얘기하기 시작하였다. 그들처럼 살기 원하는 많은 형제가 여러 곳에서 모여들어 그들과 함께 큰 조직이 형성될 것이고, 그로 인해 많은 어려움이 발생할 것이나 교황님 앞에서 약속했던 것처럼 복음에 충실하면 모든 장애를 극복해 갈 수 있으리라 말하였다.

T 성찰 후 아래 질문에 답하시오.

1. 프란치스코의 동료들과 오늘날의 많은 젊은이가 기쁨을 표현하는 방법에는 어떤 차이가 있는가?

2. 조직의 성장과 생존을 보장하기 위해 프란치스코가 제시했던 조건은 어떤 것이었는가?

36

리보토르토에서의 학습

리보토르토는 수바시오 산에서 움브리아 지방으로 흐르는 물줄기 중 하나로 많은 바위를 피해 구불구불하게 흐르는 시내(의) 이름이다. 이 이름의 뜻은 구부러진 강이라는 의미에서 기원한다. 로마로 가는 길에서 그리 멀지 않은 강기슭에 버려진 낡은 집 한 채가 있었다. 로마에서 돌아올 때 형제들은 그 길을 통해 왔는데, 포르치운쿨라까지 계속 걸어가기보다는 그 낡은 집에 머물기를 원했다. 매우 좁기는 했지만 물이 가까운 곳에 있었고, 숲은 그들의 기도 생활을 도와 주었으며, 나환자들의 병원 또한 그리 멀지 않은 곳에 있었다.

그들은 그곳에서 몇 달 동안 기거했다. 그곳은 프란치스코의 신앙을 곁에서 체험할 수 있는 최고의 영성 학교였다. 프란치스코의 기도 영성과, 형제들을 사랑하고 이해하는 위대한 능력 그리고 가난의 실천과 나환자들을 향한 겸손하고 기쁨에 찬 봉사 등은 형제들에게 그 무엇보다도 훌륭한 교재였다.

　협소하고 열악한 환경은 형제애와 타인에 대한 존경의 의미를 학습하는 데 아무런 장애가 되지 않았다: 형제들은 각자 지붕의 기둥에 본인의 이름을 적어 기도나 휴식을 위한 개개인의 장소를 마련해 두었다. 형제들 간의 돈독한 형제애가 그 밖의 다른 사람들, 특히 나환자나 거지들에게 베풀어야 할 사랑을 앗아 가지는 않았다. 그들은 하루의 식량을 얻고자 일하러 나갈 때도 기도를 거르지 않았다. 하느님의 일을 추구하는 것은 세상의 일에 무관심한 것이 아니었다. 그들은 정치적인 일에도 빛을 밝히고 도움을 주었다. 형제들의 숙소와 가까운 길로 오토 4세 황제가 그의 수행자들과 함께 지나고 있을 때 형제들은 그의 행진을 축하하기 위해서가 아니라 권력의 덧없음을 상기시켜 주기 위해 대표 한 사람을 보내기도 했다.

T 성찰 후 아래 질문에 답하시오.

1. 마지막 단락에서 가난과 형제애와 기도 영성과 관련하여 리보토르토의 경험에서 배운 큰 가르침을 찾으시오.

37

클라라와의 비밀스런 만남

프란치스코는 비천한 봉사를 하거나 설교를 하기 위해 자주 아씨시에 올라가곤 했다. 사람들은 그의 설교 방식을 좋아했고, 성직자들도 그의 설교를 귀 기울여 들었다. 그래서 1211년 사순기간 중 산 루피노 성당에서 설교를 해 달라는 초청을 받았다. 이것은 클라라 파바로네와 자주 만날 수 있는 최상의 기회였다. 그녀의 집이 성당에서 가까운 곳에 있었기 때문이었다.

오푸레두치오의 아리따운 손녀는 프란치스코의 여정을 조용히, 그러나 매우 큰 관심을 가지고 지켜보고 있었다. 그녀는 그에 대한 감탄과 존경을 표하고, 그의 삶의 방식을 따르고 싶은 그녀의 바람을 표현하고자 여러 번 프란치스코와 함께 대화를 나누고 싶어했다. 그러나 귀족 집안 출신이 아무 데서나 다른 계층의 사람들과 어울리는 것은 허락될 수 없었다. 더욱이 많은 비용을 치르더라도 그녀에게 청혼하기 위해 그녀를 둘러싸고 있는 신사들도 적지 않았다.

그러나 프란치스코를 향한 그녀의 존경은 억누를 수 없었고, 이는 가족들의 감시보다도 더 강했다. 그래서 몇 차례에 걸쳐 그에 대한 존경과 그의 생활 양식을 따르고 싶은 바람을 표현하고자 모든 사회적 제약과 통제를 뛰어넘으려 했다.

프란치스코는 거의 믿을 수 없는 이러한 상황에 대해 놀라움을 금할 수 없었다. 그러나 곧 강직한 성품의 한 여인이 복음을 진지하게 받아들일 단호한 결정을 했다는 것을 깨닫게 되었다. 하느님의 영혼이 그녀에게 손짓하는 것처럼 느껴졌다. 그러므로 이제 의구심은 필요 없었다. 그러나 어떻게 이처럼 젊고 아름다운 여인의 이상을 실현시킬 수 있겠는가? 그녀의 가족의 반응에 어떻게 대처할 것인가? 그녀의 온전함과 명예에 해가 되지 않도록 그녀를 안전하게 지켜 줄 곳이 어디에 있는가? 좀더 숙고하고 많은 기도를 할 필요가 있었다. 그래서 그는 어떠한 결정을 하기 전에 시간을 가지기로 했다.

T 성찰 후 아래 질문에 답하시오.

1. 37과에서 묘사된 클라라 파바로네에게서 어떤 가치를 발견할 수 있는가?

38

횃불의 밤

성지 주일이 약속날이었다. 이제 계획을 더는 지연시킬 만한 이유가 없었다. 모든 세부 일정은 잘 짜여 있었고, 주교와도 이미 상담을 마친 상태였다. 이젠 즉각적으로 행동에 옮기는 일이 관건이었다.

클라라의 계획에 대한 귀도 주교의 승인은 그날 오전에 성당에서 행해졌다. 주교는 성지 가지들을 축성한 뒤 그중 하나를 손에 들고 제단에서 내려와 마치 결혼을 앞둔 신부처럼 그 어느 때보다도 아름답게 빛나는 여인 클라라에게 직접 건네 주었다.

혼인 서약의 순간이 도달했다. 3월 18일 밤이었다. 약속한 시간, 모두가 휴식을 취하고 있을 때 클라라는 그의 사촌 파치피카와 함께 집을 몰래 빠져 나왔다. 아씨시의 거리를 에워싸고 있던 어둠은 감시원들의 경계를 쉽게 피할 수 있도록 도와 주었다. 곧 두 소녀는 포르치운쿨라 성당으로 향하는 작은 길을 걷고 있었다. 두 소녀는 클라라의 대담한 추진력에 따라 움직이고 있었다. 길의 한 모퉁이에(서는) 프란치스코의 두 형제가 손에 횃불을 들고 그녀들을 기다리고 있었다.

성당에 도착하자, 둘이 아닌 수많은 횃불이 있었다. 모든 형제가 기쁨의 노래를 부르며 그녀들을 환대하고자 그곳에 모여 있었던 것이다. 그것은 진정한 축제였다. 이 행사를 주재한 프란치스코도 노래를 불렀으나 그의 얼굴에는 이에 따르는 결과에 대한 근심 걱정이 담겨 있었다. 클라라가 그녀의 머리칼을 풀어놓자, 횃불의 빛이 금빛 머리카락을 마지막으로 비췄고 프란치스코가 가위를 모으자 그녀의 머리카락은 비단 줄기처럼 떨어졌다. 그때 클라라의 영혼은 환하게 빛났다. 마치 그날 밤 모든 횃불의 빛이 그녀와 영원히 함께 할 것처럼 보였다.

얼마 후 그녀는 다른 형제들과 마찬가지로 갈색의 거친 투니카 복장으로 나왔다. 봉헌의 징표인 베일로 머리칼을 가렸지만, 그녀의 아름다움을 다 가리진 못했다.

잠시 후 클라라는 프란치스코와 다른 두 형제들과 함께 며칠 동안 안전하게 머무를 수 있는 바스티아의 베네딕토 수도원으로 날아가는 종달새처럼 이동했다.

T 성찰 후 아래 질문에 답하시오.

1. 클라라의 결심과 그녀의 목표를 달성한 방법에 대해 의견을 말하시오.

39

산과 사람들 사이에서

클라라의 결정을 독려하고 동반함으로 인해 프란치스코가 겪어야 할 어려움은 적지 않았다. 무엇보다도 가족의 공격으로부터 그녀를 지켜 주는 일이 매우 힘들었다. 그러나 주 하느님께서는 경이로울 만큼 그들의 길을 인도해 주셨다. 곧 몇 명의 아씨시의 여인들이 용감한 클라라의 선례를 따랐다. 그녀들 중 첫 번째 여인은 클라라의 여동생 카타리나였다. 그 후 그녀는 아녜스라 불렸다. 그해 말에 그녀들은 주교가 지정해 준 한 집에서 함께 기거하게 되었다. 그 집은 다름 아닌 프란치스코가 직접 수리한 성당, 곧 산 다미아노를 둘러싼 집이었다.

얼마 후 프란치스코는 토스카나 지방으로 설교를 하러 떠났다. 여느 때와 마찬가지로 이번에도 형제들 중 한 명이 그와 함께 했다. 어느 날 몬테펠트로에 가까이 이르렀을 때 그곳에서 연회가 열린다는 사실을 듣게 되었다. 누군가 무장한 기사가 되려는 것이었다. 주요 인사들, 기사들, 음유시인들, 수많은 마을 사람이 도착하였다. 프란치스코 역시 그 연회에 참석하고 싶었다. 아직도 파티의 흥겨움을 좋아했기 때문이다. 그러나 무엇보다도 그가 추구했던 것은 연회로 인해 주어지는, 사람들과 만나는 기회였다. 그는 모두와 대화를 하면서 매우 고무되어 있었다. 심지어는 즉흥시를 낭독할 수 있는 그의 재능도 보여 주었다.

바로 거기서 키우시의 백작 오를란도 경을 알게 되었다. 프란치스코의 친절함에 매료된, 부유하고 관대한 성품의 소유자였던 그는 프란치스코의 계획을 지원했다. 어쩌면 프란치스코의 고매한 인격을 즉시 알아차리고 라 베르나 산을 제공했는지도 모른다. 그 산은 카센티노의 작은 계곡에서 평지 위로 돌출된 가파르고 인적이 없는 고지였다. 그 어떤 장소도 이곳보다 피정과 기도를 위해 더 적합한 곳은 없었다.

프란치스코는 기꺼이 백작의 제안을 받아들였고 곧장 그 가파른 숲으로 향하였다.

그곳에서 며칠 동안 기도 속에 머물렀다. 그때가 바로 그의 내적 갈등이 시작된 때였다. 아직도 그는 전적으로 설교 활동에만 전념하여야 할지, 아니면 마음속의 강한 관상적 충동을 따라가는 데 집중해야 할지 확신이 서지 않았다. 그래서 그의 형제들 특히 혼신의 기도를 잘하는 실베스테르 형제와 프란치스코를 매우 잘 이해하는 신중한 클라라 자매와 함께 의논하기로 했다. 두 사람의 답은 일치하였다. 그의 인생은 산과 사람들 사이에서 지속적으로 오가야 한다는 것이었다.

T 성찰 후 아래 질문에 답하시오.

1. 프란치스코 성인의 연회 참석에 대해 어떻게 생각하는가?

2. 산과 사람들 사이에서 지속적으로 오간다 함은 무엇을 의미하는가?

3. 클라라와 실베스테르의 답이 왜 그렇게 중요한가?

40

먼 땅을 찾아서

오래 전부터 프란치스코는 비그리스도교 국가들을 향해 나아가게 하는 어떤 힘을 느끼고 마음이 급해졌다. 이미 많은 설교자가 있는 그의 조국에서만 설교를 하는 것으로는 충분하지 않다고 생각한 것이다. 그러나 그는 무엇보다도 당시 십자군들과 교황이 원하는 만큼, 곧 사라센 인들의 심장에까지 도달할 정도로 충분한 십자군 원정이 준비되어 있지 않다고 확신했다. 더욱이 그의 내면에 순교에 대한 강한 열망이 숨어 있다는 것을 부정할 수 없었다. 이는 기사들이 숭고한 대의를 위해 기꺼이 그들의 피를 바치고자 함과 같은 것이었다.

프란치스코는 그가 하는 모든 일에 쏟아부었던 열정을 가지고 어느 날 아침 항구에서 배를 타고 시리아로 향하였다. 어쩌면 영영 돌아오지 못할 수도 있는 모험이었다. 그러나 그는 모험을 좋아하였다. 하지만 실제로 상황은 그리 원만하지 못했다. 거센 돌풍은

달마치아 해안의 배를 쓰러뜨렸고, 그의 계획을 좌절시켰다. 그는 이탈리아로 되돌아올 수밖에 없었다. 그러나 배삯이 없어 밀항자처럼 안코나 항구로 가는 배에 몰래 숨어 돌아와야 했다.

그로부터 얼마 후 그는 다시 같은 시도를 하였으나 이번에는 모로코로 향하였다. 그의 충실한 동반자 퀸타발레의 베르나르도가 동행하였다. 최선의 경로는 스페인을 통하여 가는 길이었다. 그러나 이번에 그곳에서 그의 계획을 무산시킨 것은 역풍이 아니라 질병이었다. 프란치스코의 몸을 허약하게 만든 질병으로 인해 그는 스페인으로부터 돌아와야 했다. 그러나 콤포스텔라에 있는 산 티아고(야고보) 사도의 무덤 방문은 빠뜨릴 수 없었다.

마치 그의 의도에 반대되는 알 수 없는 힘이 작용함으로써 그가 예상치도 못한 다른 종류의 순교를 지시하려는 듯 느껴졌다.

T 성찰 후 아래 질문에 답하시오.

1. 프란치스코를 비그리스도교 국가들로 떠밀고, 모든 장애를 극복하게 만든 동기를 적어도 두 가지 말하시오.

41

라테라노에서의 갈등

초창기 형제들이 교황으로부터 그들의 생활양식을 인준받은 지 6년이 지났다. 형제들은 열두 명이 아니라 천 명 정도 되었으며, 그들은 '작은 형제들'이라고 불렸다. 어떤 주교들은 그들을 불신의 눈으로 바라보았고, 로마 교황청에선 그들의 행동을 예의 주시하였다. 교황청에서 영향력을 행사하면서 수도자들에 대하여 특별한 관심을 가지고 있던 우골리노 추기경은 작은 형제들을 각별한 시선으로 지켜보고 있었다.

1215년 말에 라테라노 대성당에서 인노첸시오 3세 교황이 소집한 공의회가 개최되었다. 이 공의회에 모든 추기경과 주교와 교회의 수도원장들이 집결하였다. 이곳에서 그리스도교의 주요 문제를 논의하여 교회에 관한 근본적인 결정들과 수도생활에 관한 몇 가지 결정들을 내렸다.

당시 프란치스코는 로마에 있었는데, 아마도 우골리노 추기경으로부터 초청을 받은 것 같다. 그는 크고 엄숙한 집회가 부담스러웠으나 교회에서 일어나는 일에는 관심을 기울였다. 심의에 참여하지는 않았으나 커다란 관심을 가지고 교황의 개막 연설을 들었다.

그곳에 머무르는 동안 추기경은 설교자로서 특히 이단에 대항하기 위한 수도회의 창시자로서 이미 유명했던, 스페인의 성당 참사회 회원인 도미니코 데 구스만과의 만남을 주선하였다. 겉으로 보기에 추기경의 의도는 도미니코의 박학하고 효율적인 조직과 프란치스코의 활기찬 탁발 형제회를 하나의 수도회로 통합하려는 것 같았다.

프란치스코는 우려를 금할 수 없었다. 그러나 진행 상황을 지켜볼 수는 없었다. 그래서 과거에 교황 앞에서 했던 것과 같이 자신의 두려움을 극복하고, 커다란 용기로 무장하여 예사롭지 않은 확신과 힘을 발휘하였다. 그리하여 그가 지닌 이상의 단순성과 더불어 저마다 다른 길로 예수 그리스도가 제안한 유일한 목적지에 도달할 필요성을 변호하였다.

T 성찰 후 아래 질문에 답하시오.

1. 우골리노 추기경의 제안 앞에서 프란치스코 성인이 취한 태도를 어떻게 평가 또는 판단할 수 있는가?

42

형제회의 성장과 조직화

하루가 다르게 프란치스코를 따르는 형제회에 많은 회원이 입회하였고, 이로 인해 형제들의 전체 회의를 소집하는 일은 더욱 어려워졌다. 이들 가운데 많은 형제는 스승의 가르침에 따라 작은 무리로 마을과 마을을 다니며 회개와 평화를 설교했다. 다른 형제들은 오랜 기간 숲속에 있는 은수처에서 머물렀다. 프란치스코는 설교와 기도를 번갈아 가며 직접 형제들에게 몸소 본보기를 보였다. 이 같은 상황은 전체 형제들이 만나는 기회를 감소시켰다. 그들은 전체 모임을 총회라고 불렀고, 매년 성령 강림 대축일에 한 번 개최하기로 최종 결정하였다.

1217년 총회는 매우 중요한 회의였다. 형제들의 수적 증가로 인해 이탈리아 국경을 넘어서 관구라 불리는 단위들을 조직하기로 결정하였다. 각각의 관구에는 그 조직을 이끌 책임자들이 임명되었는데 그 형제들을 봉사자 형제들이라 불렀다. 조직에 관해서 많은 식견을 갖추지 못했던 프란치스코는 이런 방법이 바람직하다고 생각하였다. 무엇보다도 라테라노 공의회의 권고에 동의하였기 때문이다.

1219년 총회에서는 비그리스도교 국가들에 설교하러 몇 명의 형제들을 파견하기로 결정했다. 이것은 프란치스코의 오랜 염원이었으므로 그는 이를 제안하고 적극 지지하였다. 그는 예수 그리스도를 무기가 아닌 다른 방법으로 세상에 알릴 필요가 있다는 것을 확신하였다.

당시 프란치스코는 일부 형제들로부터 불평의 목소리를 듣기 시작하였다. 수도회를 운영하는 방식과 형제회의 문제들을 다루는 방법, 그리고 형제들을 양성하는 일에서 그의 지도력 등에 대한 비판이 그를 슬프게 했다. 아마 그런 이유로 그와 초기 형제가 총회의 결정을 더욱 적극적으로 행동에 옮기고, 또 그를 대신할 수 있는 두 명의 대리자에게 이탈리아를 위임하고 즉시 이집트를 향하여 출발하도록 했는지도 모른다.

T 성찰 후 아래 질문에 답하시오.

1. 형제들이 결성한 조직에 대하여 어떻게 생각하는가?

2. 그 당시 해외 선교 활동의 결정은 어떤 중요성을 갖는다고 생각하는가? 오늘날에는 어떤 중요성을 가지고 있는가?

43

무기와는 다른 방법

　이번에는 그의 여행이 실패로 끝나지 않았다. 이집트 다미에타에서 그의 여행은 드디어 현실화되었다. 그는 용기와 대담성으로 무장한 후 십자군들이 최근에 파 놓은 참호를 지나갔고, 많은 사람이 그에게 경고했던 곳곳에 도사리고 있는 위험을 무시했다. 마치 사람들이 무슨 말을 하는지 이해를 못하는 사람처럼 보였다. 그래서 그는 미친 사람으로 낙인 찍혔다. 그러나 그는 그가 무엇을 원하는지 잘 알고 있었다. 문제를 해결하기 위한 다른 방법이었다. 창과 칼이 아닌 사랑과 겸손의 설득력이란 도구였다.
　우선 그는 십자군 기사들의 야영지로 들어갔다. 기사들은 차츰 프란치스코의 친절에 마음을 열기 시작해서 결국은 선을 추구하는 그의 권고에 관심을 갖고 경청하게 되었다. 그 후 그는 사랑이라는 무기 하나만을 지니고 전선을 넘어갔다. 그때는 일루미나토 형제가 프란치스코를 동반하였다. 이들은 사라센인들로부터 첩자라는 의심을 받아 포로로 체포되어 적지 않은 고통을 겪다가 결국에는 술탄 앞에 끌려가게 되었다. 프란치스코는 프랑스어로 상황을 설명하며 문제 해결에 최선의 노력을 다하였다.

당시 술탄인 멜렉 엘 카멜은 예술적 영혼을 가진 종교인이었다. 그의 심오한 종교적 신앙은 자신의 눈앞에 무방비 상태로 서 있는 가여운 프란치스코의 고귀한 이상과 목적의 순수성을 높이 평가하였다. 그래서 그를 연민의 눈으로 바라보았고, 자신의 영역에 영주할 것을 제안하였다. 술탄을 여러 차례 만나면서 프란치스코는 복음의 근본적인 가치에 대해 설명하면서 다양한 방법으로 그에게 개종을 권유했다.

술탄의 심적 변화는 사실 불가능했다. 그는 국민들의 이해관계와 정치적, 종교적으로 얽혀 있었기 때문이다. 그래서 프란치스코는 술탄이 그에게 준 값비싼 선물과 그곳에서 영주하라는 요청을 정중하게 거절하고 돌아가기로 결심하였다. 그가 받아 온 유일한 선물은 팔레스타인 성지를 방문하기 위한 안전 통행증뿐이었다.

T 성찰 후 아래 질문에 답하시오.

1. 프란치스코 성인이 비그리스도인들 사이에서 펼쳤던 선교 활동 중 당신의 관심을 끌었던 부분을 구체적으로 말하시오.

2. 오늘날에도 프란치스코 성인의 비폭력적 방법을 사용할 수 있다고 생각하는가? 어떤 방법으로 가능한지 구체적인 제안이 있는가?

44

진정한 순교를 향하여

프란치스코는 거의 일 년 동안 동방에 머물렀다. 그는 선교에 대해 관심을 갖고 정의와 사랑의 메시지를 전파하며 자유롭게 모든 곳을 순회했다. 그곳에서 그는 시리아 선교에 파견된 다른 형제들과 자주 만나곤 했다. 그는 행복했다.

그러나 어느 날 이탈리아에서 스테파노라 불리는 형제가 그를 찾아왔다. 초기 형제들이 그가 살아 있다면 돌아와 달라고 요청했다는 것이다. 형제회가 그의 대리자들의 잘못된 운영으로 희생되어 가고 존폐 위기에 처해 있었기 때문이다. 심지어는 오래된 정주定住 수도회의 규범으로부터 영향을 받은 회헌을 공포하여 프란치스코가 세운 수도회의 혁신적인 본질을 위협하기까지 했다. 동방에서 돌아온 프란치스코는 그가 순교할 곳이 이탈리아라는 사실을 전혀 상상조차 할 수 없었다.

그는 돌아와서 형제들과 하느님의 사랑에 힘입어 이례적인 활동을 전개해야 했다. 그것은 교황과의 상담 끝에 형제회를 위하여 보호자 추기경을 지정해 줄 것을 요청하고, 기존의 두 대리자인 나르니의 마태오와 나폴리의 그레고리오를 면직하며, 새로운 대리자로 베드로 카타니를 임명하고, 수련기를 체계화하며, 당시 퍼져 있던 여러 부정과 남용을 바로잡는 일 등이었다.

포르치운쿨라 성당에 도착했을 때 예전의 움막은 찾아볼 수 없었고 편안한 수도원이 지어져 있었다. 그는 형제들이 이 세상에서 순례자처럼 살기로 한 뜻을 망각한 것을 보자 분노가 일어 즉시 지붕으로 올라가 수도원을 부수기 시작하였다. 그러나 아씨시의 주민 몇 명으로부터 그 집은 자신들의 소유물이고, 형제들에게 단지 빌려 주었다는 말을 듣고서야 지붕에서 내려왔다. 그의 소유물이 아닌 것을 부숴서는 안 된다고 생각했기 때문이었다.

T 성찰 후 아래 질문에 답하시오.

1. 프란치스코 성인의 진정한 영적 순교를 구성하는 44과에서 표현된 프란치스코의 고통의 이유를 설명하시오.

2. 이 사건들에서 프란치스코 성인이 겪은 고통의 진정한 이유는 무엇인가?

45

정주 수도회
법규에 대한 저항

　일련의 사태에도 불구하고 프란치스코의 개입은 몇 형제들에게 안도감을 주었다. 그러나 형제회 내부에 만연된 긴장을 해소시키기에는 역부족이었다. 그들은 조직의 안전성 부재에 대해 많은 불만을 제기하였다. 좀더 엄격하고 구체적인 규범 없이 삼천 명 이상의 형제회를 체계화시키는 것은 불가능하다고 생각하였다.

　새로운 내부 규정을 강력하게 주장한 형제들은 관구의 봉사자 형제들과 유식한 형제들이었다. 그 형제들의 숫자는 몇 년 동안 급증하였다. 그들은 이 모든 사건을 프란치스코와는 다른 논리적 각도에서 바라보았다. 특히 그들은 창설자의 활기와 카리스마적인 현존이 없을 경우의 미래에 대해 많은 생각을 했다.

　그들의 이러한 주장은 마침내 프란치스코로 하여금 좀더 확대된 수도규칙 작성을 결심하도록 이끌었다. 그러나 그가 처음부터 추구해 왔던 것, 곧 복음이 형제회 존재의 근본 규범임은 저버리지 않았다. 그래서 초기 형제들을 인도했던 복음서로부터 시작하여 지난 10년 동안 형제들과 함께 내린 다양한 결정들을 복음서에 비추어 성문화하기로 하였다. 이 모든 규범과 권고의 집합체가 1221년 총회에 상정되었다.

그의 이런 작업은 봉사자들과 유식한 형제들에게는 거의 도전이었다. 지나치게 광범위하고 영성적인 반면, 법률적 측면이 부족하다는 비판이었다. 한 번쯤은 가난에 대한 엄격성을 완화시키고, 더욱 효율적이고 훌륭한 사도적 활동을 보장해 주는 다른 정주 수도회(원)들의 규정을 채택하자는 목소리도 빠지지 않았다. 형제들은 우골리노 추기경을 통하여 프란치스코에게 그들의 생각을 전하였다. 그러나 프란치스코는 다시 한번 가난과 함께 세상에 필요한 존재가 되는 삶에 대한 주 하느님의 계명을 지키기 위해 성난 사자처럼 분노하였다.

그의 분노는 이기적인 이해관계로 수도원의 미래를 계획하는 계산적이고 교활한 이들에게도 발산되었다.

T 성찰 후 아래 질문에 답하시오.

1. 45과에서 프란치스코 성인이 그처럼 완강하게 지키려 했던 이상적인 제안을 어떻게 표현할 수 있는가?

46

완전한 기쁨

 어느 날 오후 프란치스코가 레오 형제와 함께 페루지아에서 돌아오는 길이었다. 그해 첫눈은 매우 일찍 찾아왔다. 주변은 회색빛으로 덮여 있었고 길은 통행할 수 없을 정도였다. 두 회개자는 아직 녹지 않은 언덕을 피해 가며 맨발로 매우 힘들게 걸었다. 그들의 투니카는 젖어 있었고 추위는 뼛속까지 스며들었다.
 여정의 고독함과 오후의 고요함은 프란치스코를 조용한 성찰의 시간으로 초대했다. 그러나 그는 입을 뗄 필요성을 느꼈다. 40년이란 짧은 인생에도 불구하고 그는 이미 영적으로 매우 성숙한 사람이었다. 많은 사람과의 만남, 무엇보다도 그의 형제들과의 공동생활은 그에게 인간의 깊은 심성과 위대하고 자비로운 차원을 끝없이 발견하는 법을 가르쳐 주었다. 최근 몇 달 간의 사건들은 고통스러운 결과를 재확인시켜 주었지만, 그의 깊은 신앙과 하느님 체험 덕분에 그의 영혼에는 회의론적인 흔적이 남아 있지 않았다.

걸어가면서 프란치스코는 드디어 침묵을 깼다. 그는 신념에 찬 어조로 말하였다. "레오 형제, 우리가 포르치운쿨라에 도착했을 때 우리 형제회에 파리의 교수들이나 많은 주교, 대주교들, 추기경들 그리고 프랑스와 영국의 왕까지 입회했다는 소식을 듣는다고 상상해 보시오. 나는 거기에 완전한 기쁨이 있지 않다고 확신합니다."

그는 잠시 말을 끊고 다시 말하였다. "작은 형제들이 이 세상에서 가장 유창한 설교자들이어서 모든 비신자를 회개시키고, 기적을 행할 수 있는 재능을 받아서 모든 사람이 우리를 성인처럼 대우한다고 상상해 보시오. 레오 형제, 나는 그것도 완전한 기쁨이 아님을 깨달았습니다."

몇 분 간의 침묵 후에 계속 말했다. "오늘 밤 배고픔과 추위와 피로로 죽도록 지쳐 포르치운쿨라에 도착했을 때 우리를 귀찮은 거지나 도둑놈 취급하며 문도 안 열어 주고, 안에서 욕을 하며 몇 시간 동안 이 추위 속에 우리를 세워 놓는다고 상상해 보시오. 그런 상황에서도 우리가 인내와 사랑을 잃지 않는다면 바로 그곳에 완전한 기쁨이 있다고 나는 확신합니다."

그의 말을 조용히 듣고 있던 레오 형제는 그의 이야기 속의 온기 또한 오후의 추위 속에 함께 얼어 가고 있는 것을 보았다.

T 성찰 후 아래 질문에 답하시오.

1. 각자 자신의 언어로 46과의 가르침에 대해 설명하시오.

47

영혼의 어두운 밤

형제회에서 발생한 갈등과 그의 영혼까지 전달된 고난과 역경에도 불구하고 프란치스코는 결코 흔들리지 않았다.

그는 이미 형제회의 운명을 끌고 가는 직책을 사임한 상태였다. 그러나 그는 형제회의 초기 이상을 충실히 보전해야 할 책임을 지고 있었으므로 이를 형제들에게도 계속 요구하였다. 그는 여러 번 실의와 낙심, 처음부터 다시 시작하고 싶은 바람, 모든 문제를 피할 수 있는 쉬운 해결책을 실행하거나 때로는 형제들에게 가혹하게 대하고픈 마음까지 여러 유혹을 경험했다. 그는 수차례에 걸쳐 산 다미아노의 클라라와 자매들을 방문하고 싶은 욕망을 억눌렀다. 그는 그녀들 앞에서 자신의 영적 갈등을 드러내 보이고 싶지 않았다.

그는 이 모든 것이 시험 과정이라는 것을 잘 알고 있었다. 이것들이 그가 초연하게 받아들여야 할 순교임을 깨닫기 시작한 것이다. 그래서 그는 기도를 멈추지 않았고, 틈 날 때마다 설교를 하러 나갔다. 왜냐하면 위기는 오직 믿음으로만 직면할 수 있다는 것을 알고 있었기 때문이다.

이전 수도규칙을 작성할 때 겪었던 거부감과 많은 요청을 받아들여 그는 더 간결하고 명료한 최종 수도규칙을 새롭게 작성하기로 결심했다. 이를 위하여 냉정을 잃지 않는 묵상의 결과물을 만들고자 그의 훌륭한 친구 레오 형제와 볼로니아에서 법학을 공부한 보니죠 형제와 함께 리에티 가까이에 있는 폰테 콜롬보로 떠났다.

몇 달 동안의 작업 끝에 수도규칙이 완결되었다. 그 후 로마 교황청과의 협의와 수정 그리고 형제들의 총회에 상정하는 등 여러 과정이 뒤따랐다. 요청들은 가난한 프란치스코의 순교를 연장시켰으나, 그는 복음에 대한 충실을 그가 바쳐야 할 봉헌으로 받아들였다.

T 성찰 후 아래 질문에 답하시오.

1. 47과에서 가장 중요한 문장을 적으시오. 왜 그 문장이 중요한지 설명하시오.

48

그레치오의 밤

　수도규칙은 1223년 말 교황의 인준을 받았다. 그것은 프란치스코에게는 영혼의 치료제와도 같았다. 그의 영혼에 먹구름이 차차 걷히고 평화가 차오르기 시작했다. 어쩌면 수도규칙이 프란치스코가 만족할 만큼 개정되지는 않았지만, 그 수도규칙으로 형제회 초기의 충실성을 보장할 수 있을 것이라고 확신하였다. 아무튼 창설자로서의 책임감이 덜어졌다. 이 같은 그의 내적 안도감은 육신의 질병들을 잘 인내하도록 도왔다.

　프란치스코는 로마에서 리에티 계곡으로 가던 중 성탄이 다가오자, 자신이 항상 원했던 대로 성탄 예식을 거행하고 싶었다. 자연의 동굴에서 살아 있는 아기와 부모, 살아 있는 노새와 소와 함께…. 그 동굴은 그레치오의 마을 앞에 꾸며졌다. 충만한 열의로 모든 준비가 이루어졌다.

　그해 12월 24일 밤은 결코 잊혀지지 않을 것이다. 사방에서 환한 횃불을 들고 마을 사람들이 모여들었다. 들판은 불빛과 노래로 가득 찼다. 하늘의 별들은 반짝였고 양들의 울음소리도 들렸다. 동굴의 벽은 횃불의 빛에 반사되어 금빛을 띠었다. 프란치스코는 노래하고, 형제들을 격려하며 미소를 머금었다. 온 얼굴이 빛나고 있었다.

이번에는 드물게도 프란치스코가 부제의 역할을 수행하고자 했다. 그는 부제복 차림으로 복음을 낭독하고 설교하였다. 프란치스코의 설교는 듣는 이로 하여금 사랑의 감정을 불러일으켰다. 하느님께서 사람들에게 당신의 사랑을 보여 주시려고 당신의 아드님을 가난하고 겸손한 한 어머니의 아들로 이 세상에 보내 주신 전지전능한 하느님의 신비에 대해 설명하였다. 그날 밤 하늘과 땅이 결합했으며, 땅에는 하늘의 길이 열렸다고. 그래서 사람들은 삶의 이유를 발견했노라고 이야기하였다.

T 성찰 후 아래 질문에 답하시오.

1. 프란치스코 성인이 그레치오 성탄 예식을 거행하면서 했던 설교 가운데 그 축제의 의미를 발견할 수 있는가? 자신의 말로 설명하시오.

2. 그레치오 성탄 예식 같은 대중적 예식이 중요한가? 그 이유는?

49

부활 축일

수년 전부터 형제들은 기도를 위해 그레치오 동굴에서 자주 모였다. 그곳의 동굴들은 은수처로 머물기에 충분히 넓었다. 프란치스코는 그곳에서 남은 겨울과 그다음 해 봄을 보냈다. 평화가 필요했고 그곳에서 평화를 발견했다. 그는 시간이 허락될 때마다 동굴 깊은 곳에서 오랜 시간 기도를 하거나 숲속을 산책하였다. 또 농가로 내려가 단순한 일을 돕고, 장날이면 마을에 가서 하느님이 그에게 준 영감을 설교했다.

부활절이 다가오자, 그레치오의 형제들은 좀더 성대하게 그날을 기념하고자 했다. 그해는 특별히 프란치스코가 함께 있었고, 또 어느 봉사자 형제가 그들을 방문하였기 때문이다. 부활 전날부터 흰 망토와 아름다운 그릇, 식탁 장식과 음식 등을 이웃으로부터 받아 준비하기 시작했다.

이 모든 것을 침묵 중에 관찰하던 프란치스코는 그들에게 교훈을 주기로 결심하였다. 아무도 알아차리지 못하도록 은수처를 빠져나와 모든 형제가 식탁에 앉아 있을 법한 시각에 다시 돌아왔다. 그는 순례자의 복장을 차려 입고 문을 두드린 후 목소리를 가장해서 하느님의 사랑으로 애긍을 청하였다. 형제들은 즉각 프란치스코의 속임수를 눈치챘으나 거절할 수 없었다. 그는 구석에 앉아 조용히 음식을 먹었다.

축제의 분위기는 차가운 소나기로 바뀌었다. 형제들은 그 불편한 순례자의 따끔한 교훈을 침묵 중에 되새기고 있었다. 그러는 동안 그날 아침 미사의 엠마오로 가는 제자들에 관한 복음이 그들의 뇌리에 되살아났다.

T 성찰 후 아래 질문에 답하시오.

1. 그레치오의 형제들이 부활절을 축하하려던 방법에 대해 어떻게 생각하는가?
2. 프란치스코 성인이 준 교훈은 적절하다고 생각하는가? 그 이유는?

50

라 베르나 산에 오름

프란치스코의 또 다른 염원 중의 하나는 라 베르나 산으로 돌아가는 것이었다. 그곳에서 관상에 집중하면서 한 철을 지내고 싶었는데, 마침내 그 바람이 이루어졌다.

여름의 더위를 피해 8월 초에야 그곳을 향한 첫걸음을 떼었다. 6명의 형제들이 그와 함께 갔다. 맛세오 형제가 여행객들을 통솔했다. 그들은 마치 축제를 즐기는 듯 매우 기쁘게 걸어 올라갔다. 그들은 노래를 부르기도 하고 기도를 하기도 했다. 지칠 때면 나무 그늘 아래 눕기도 했다. 마치 열두 명의 형제가 로마로 떠날 때처럼 형제회 초기의 기쁨이 되살아난 듯싶었다.

프란치스코는 형제들의 속도를 따라갈 수 없었다. 그의 몸은 매우 여위었고 지친 상태였으며 점점 더 약해져 갔다. 그래서 정상까지 오르려면 당나귀를 구해야 했다. 당나귀를 이끄는 농부는 너무 솔직해서 무례하기까지 했다. 그는 프란치스코에게 빈정대며

천진난만한 말투로 다음과 같은 말을 던졌다. "만약 당신이 진실로 세상 사람들이 말하는 그 프란치스코 형제라면, 그들이 말하는 것처럼 착하게 사시오. 왜냐하면 모든 사람 사이에서 당신은 그런 명성을 가지고 있기 때문이오." 프란치스코는 그의 충고가 몹시 고마워서 지체 없이 당나귀에서 내려 그 농부를 끌어안았다.

전하는 말에 의하면, 찌는 듯한 더위와 갈증으로 불평하던 농부의 요청으로 잠깐 멈췄을 때 프란치스코가 팔을 들어 올려 그들을 구해 달라는 기도를 올리자, 그곳에서 멀지 않은 곳에 있는 바위틈에서 솟아나는 샘물을 발견하였다고 한다. 이런 일이 일어나는 것은 그리 이상한 일이 아니다. 왜냐하면 그의 기도는 이미 높은 수준에 이르러 새들이나 꽃들과도 함께 대화할 수 있을 정도로 자연과 관계를 맺었기 때문이다. 모든 피조물은 나름대로 이유를 가지고 있는 듯하다. 마치 그를 이해하는 듯이….

T 성찰 후 아래 질문에 답하시오.

1. 프란치스코 성인을 향한 농부의 말은 우리에게 어떤 가르침을 주는가?

51

사랑의 상처

오를란도 백작은 이번에도 프란치스코와 형제들에게 많은 배려를 베풀었다. 그는 그들에게 산의 정상에 움막을 몇 개 짓게 하였고, 양식을 보내 주었다. 라 베르나에서는 모두가 관상에 초대되었다. 무성한 식물들, 크고 우람한 나무들, 새들과 매미들의 노랫소리, 웅장하고 가파른 바위들과 평지의 아름다운 풍경 그리고 동틀 무렵 엷은 안개들과 해 질 무렵 석양에 둘러싸인 산들을 볼 수 있었다.

프란치스코는 온전히 혼자이고 싶었다. 그래서 그는 아무도 볼 수 없고 들을 수도 없는 곳으로 들어갔다. 그곳에 유일하게 다가갈 수 있는 사람은 레오 형제뿐이었다. 그는 사전 통보와 함께 하루에 한 번 빵 한 조각을 가지고 프란치스코에게 다가갈 수 있었다. 그렇게 약 사십 일 동안 그곳에 머물렀다.

그 동안 무슨 일이 일어났는지는 알 수 없으나 확실한 것은 예수 그리스도의 형상이 프란치스코의 마음에 점점 더 빈번하게 떠올랐고, 그는 한순간도 마음속에서 이를 떨쳐버릴 수 없었다. 몇 달 전까지만 해도 그를 미치도록 매료시켰던 예수님은 베들레헴의 예수님이었는데, 지금은 어디를 가나 그를 따라다니며 울게 만드는 예수님은 수난의 예수님이었다.

프란치스코는 십자가를 지고 십자가에서 죽음을 맞으신 예수님의 크나큰 사랑에 대해 묵상하였다. 프란치스코는 그분이 준 메시지와 삶 사이의 일관성, 말이 아닌 행동으로 보여 준 가르침에 대해 묵상하였다. 그는 예수님의 업적에 대해 생각하였다. 예수님의 업적은 지금도 계속되어야 하는 결코 끝나지 않는 작업이었다. 그는 스스로 비겁하다고 느꼈다. 왜냐하면 아직 아무것도 하지 않았기 때문이었다. 그는 이에 대해 성찰하고, 기도하고 신음하며, 하느님께 자신만이라도 하느님 아들의 작업을 이어받아 계속하게 해 달라고 청하였다. 그러는 동안 그는 예수님이 수난기에 경험했던 고통을 그의 몸 안에서 느낄 수 있었다.

여느 날과 같은 9월 14일 동틀 무렵 그는 기도 중에 놀랐다. 모든 것이 평화로웠다. 하늘에는 새벽별들이 빛나고 있었다. 그러다 갑자기 고요 속에서 그의 손과 옆구리와 발이 뚫리는 아픔을 느꼈다. 그것은 사랑의 상처였다. 고통이 너무 심해 프란치스코는 그 이상 아무것도 알 수가 없었다.

T 성찰 후 아래 질문에 답하시오.

1. 이 순간 프란치스코 성인의 묵상 대상인 예수님에 대해 묘사해 보시오.

2. 오늘날에도 예수님에 대해 생각하는 것이 중요하다고 믿는가? 그 이유는?

52

성인과 야생동물

그날 이후 형제들은 프란치스코를 더욱 극진히 간호하였다. 종종 그의 잠을 방해했던 매까지도 침묵하기 시작하였다. 프란치스코는 그의 형제들이 그에게 일어난 일을 눈치채자, 매우 부끄러워하고 혼란스러워 했다. 그는 형제들에게 아무에게도 그 사실을 말하지 말라고 신신당부를 하였으며, 붕대와 투니카의 주름들 사이로 그의 상처를 최대한 숨겼다. 물론 고통을 드러내지 않으려고 무척 애를 썼다.

그러나 사랑의 경이로움을 감추는 것은 언제나 쉬운 일이 아니다. 라 베르나 산을 내려오자, 그는 참으로 신과 같은 존재가 되었다. 모든 마을과 고장의 주민들이 성인을 보고자 달려 나왔다. 그의 물건들을 구할 마음으로 또는 어떤 질병의 치유를 기원하며 모여들었다. 이런 일은 성인에게 아무런 영향을 끼치지 못했다. 프란치스코는 마치 마음속의 음악에 몰두하고 있는 듯 대부분의 경우 관심을 두지 않았다.

그는 육체의 허약함과 통증에도 불구하고 포르치운쿨라에 틀어박혀 있기를 원하지 않았다. 신비로운 힘이 움브리아 지방의 마을로 가서 하느님의 선을 알리라며 그의 등을 떠밀었다.

그는 나귀를 타고 산길을 따라 떠났다. 프란치스코가 젊었을 때부터 여러 번 방문했던 굽비오 지방에 다다랐다. 그는 굽비오 지방의 주민들이 그 지역에 우글거리는 수많은 늑대 가운데 목동과 가축들을 죽인 크고 사나운 살인적인 늑대 한 마리 때문에 고통을 겪고 있다는 사실을 알게 되었다.

그는 모두의 조언을 무시하고 나귀에서 내려 성벽의 바깥쪽에서 그 사나운 늑대를 기다렸다. 사람들은 성벽에 몸을 기댄 채 멀리서 그를 지켜보았다. 늑대가 나타났을 때 사람들은 프란치스코가 늑대에게 말을 걸며 손을 내미는 광경을 놀라며 지켜보았다. 때가 되자 늑대는 온순해져서 우정의 몸짓으로 그의 앞다리를 프란치스코에게 뻗었다. 얼마 후 성인과 야생동물이 도시를 향하여 천천히 함께 걸어오고 있었다. 그래서 사람들은 그 늑대를 죽는 날까지 매일매일 볼 수 있었다. 왜냐하면 그 잔인한 살인 늑대가 회개하였고, 굽비오 주민들이 그 늑대를 사랑으로 대할 것을 약속하였기 때문이다.

T 성찰 후 아래 질문에 답하시오.

1. 통증에도 불구하고 프란치스코 성인을 북돋운 그의 선교적 열성을 어떻게 설명하겠는가?

2. 굽비오의 일화는 오늘날 어떤 가르침을 우리에게 남겨 주는가?

53

움막의 노래

프란치스코의 질병은 더는 설교를 하러 나가지 못할 정도로 계속 악화되어 갔다. 상처의 통증과 위장 질환뿐 아니라 안질까지 심각해졌다. 형제들은 그의 목숨을 우려하며 의사를 찾아가자고 보챘다. 수도회를 이끌도록 프란치스코로부터 임명받은 봉사자 엘리아 형제는 리에티에 매우 명성 있는 의사들이 있기는 하나 그 도시까지 가는 것이 문제라고 말하였다.

많은 이의 요청으로 결국 프란치스코도 그들의 제안에 동의하였다. 그러나 그는 먼저 그의 영혼의 친구인 클라라에게 이별의 인사를 하러 산 다미아노로 데려다 줄 것을 청하였다. 산 다미아노에 있을 때 고열로 인해 여행이 잠시 보류되었다. 더구나 겨울의 추위는 더 혹독했고 모든 길이 눈으로 뒤덮여 있었다. 그래서 한 형제와 함께 클라라의 보호하에 머물렀다.

그곳에서 프란치스코가 겪은 지독한 통증을 그대로 묘사하기란 어려운 일이다. 그의 눈은 이제 빛을 견딜 수 없어 어두운 움막에 갇혀 있어야 했다. 그런 그의 모습은 사람의 형상을 한 뼈들이 투니카에 싸여 있는 것처럼 보였다. 상처에서는 피가 흐르고 위는 타들어 가는 듯했다. 그리고 이것만으로는 부족했는지 밤에는 그의 몸 위로 쥐들이 뛰어다녔다.

어느 한순간 프란치스코는 초조함을 느꼈고, 그래서 기도 시간을 늘렸다. 어느 아침에 클라라는 멀리서 환자의 노랫소리를 들을 수 있었다. 그의 목소리는 과거 세레나데를 부르며 거리를 활보할 때처럼 울려 퍼지지 않았다. 지금의 그의 목소리는 가냘프게 꺼지는 듯했고, 옆구리의 통증으로 인해 노래는 아주 느리게 흘러나왔다. 그마저도 가끔 호흡을 위해서 노래를 멈춰야만 했다. 클라라는 여성의 호기심으로 조용히 다가가서 지극히 높으시고 전능하시며, 자비로우신 주님이라고 하느님을 부르면서 노래했다. 태양과 달과 별, 물과 불, 바람과 열매를 낳아 주는 땅을 주신 주님을 찬미하였다. 모두를 형제자매라고 불렀다. 클라라 자매는 그때 움막이 빛으로 가득 찼음을 깨닫게 되었다.

T 성찰 후 아래 질문에 답하시오.

1. 프란치스코 성인은 감사하면서 노래하고 찬양하는 가난한 사람이자 병자이다. 아씨시의 이 가난한 사람의 반응에 대해 설명하시오.

54

마치 음유시인처럼

프란치스코는 자신만을 위해서 혼자 노래를 불러서는 안 되겠다는 것을 깨달았다. 그의 목소리는 상당히 지쳐 있지만, 그의 노래는 하느님을 찬양하기 위해 많은 사람에게 유용하게 사용될 수 있으리라 생각하였다. 그래서 시를 가장 잘 낭독할 만한 우렁찬 목소리를 가진 파치피코 형제를 불러오도록 부탁하였다. 프란치스코는 그에게 본인이 만든 노래를 가르쳐서 두세 명의 형제들과 함께 도시의 광장을 다니면서 음유시인처럼 노래를 부르라고 지시하였다.

그 무렵 산 다미아노의 움막에는 이상한 소식이 도착했다. 이 소식은 아씨시 주민들에게 큰 화젯거리였다. 아씨시의 두 지도자들, 곧 종교와 마을의 최고 통치자들이 전쟁을 선언한 것이었다. 귀도 주교와 베르링궤리오Berlinguerio 시장과의 관계는 걱정스러울 정도로 악화되어 갔다. 주교가 시장을 교회로부터 파문하자,

이에 대항하여 시장은 아씨시 모든 시민에게 주교와의 관계를 일절 금하도록 명하였다.

프란치스코는 앞으로 발생될 결과의 심각성을 잘 인지하고 있었으나, 이 복잡한 갈등을 해결하기 위해 설교하러 밖으로 나가거나 아무런 조치를 취할 수 없다는 현실이 매우 슬펐다. 그러나 그는 소극적인 자세로 임해서는 안 된다고 생각하였다. 그래서 그의 노래에 다음 구절을 추가하였다.

"내 주님, 당신 사랑 까닭에 용서하며,
병약함과 시련을 견디어 내는 이들을 통하여 찬미받으시옵소서.
평화 안에서 이를 견디는 이들은 복되오니,
지극히 높으신 이여, 당신께 왕관을 받으리로소이다."

프란치스코의 강렬한 바람으로 시인 형제들이 아씨시로 돌아왔다. 그들은 주교와 시장 앞에서 성인이 만든 새로운 구절을 추가하여 노래를 불렀다. 얼마 후 아씨시에서는 다시 화해와 평화의 분위기가 되살아났다.

T 성찰 후 아래 질문에 답하시오.

1. 프란치스코 성인이 음악을 화해의 도구로 활용하였다면, 오늘날 당신은 도시와 국가와 세계 평화를 위해 다른 어떤 간단한 방법을 사용할 수 있겠는가?

55

불 형제

클라라의 간호 덕분에 몇 주가 지나자, 프란치스코는 리에티로 이동할 수 있을 만큼 상태가 호전되었다. 엘리아 형제가 프란치스코의 이동을 준비하였다.

그 당시 리에티에는 교황이 체류하고 있었으므로 많은 사람이 모여들었다. 프란치스코가 도착하자, 모두가 성인의 명성과 더불어 오상 성흔을 받은 그를 보고자 했다. 그는 언제나 빛으로부터 눈을 보호하려고 붕대를 감고 있었지만, 그럼에도 군중은 그를 불편하게 했기에 그는 쉴 수가 없었다. 그래서 그를 폰테 콜롬보의 은수처로 옮겼다. 그곳으로 의사들이 그를 보러 왔다. 의사들은 그에게 자신들이 할 수 있는 모든 처방과 갖고 있던 모든 약을 주었다. 그러나 그 어떤 효력도 이루지 못했다.

눈의 통증을 완화시키려는 목적으로 의사들은 그의 귀에서 눈썹까지 뜸을 뜨기로 결정했다. 불에 벌겋게 달궈진 쇠를 보자 프란치스코를 간호하던 형제들은 그 끔찍한 수술을 보지 않으려고 자리를 피해 뿔뿔이 흩어졌다. 프란치스코 자신도 수술 시각이 다가오자 두려움에 떨었다. 그러나 의사들이 수술 준비를 하는 동안 그는 어린아이처럼 화롯불을 향해 소리 높여 외쳤다. "불 형제여! 형제는 고귀하고 유용한 존재입니다. 나는 당신을 사랑합니다. 나를 너무 심하게 다루지 마세요. 제가 참을 수 있도록 당신의 강도를 조정해 주세요." 수술이 끝났을 때 의사들은 프란치스코의 강인함에 감탄하며 나왔다고 한다.

프란치스코는 리에티에서 몇 달 동안 머물렀다. 그의 호전을 위해 여기저기로 옮겨 다녔다. 주교 관저, 성 파비아노 성당 그리고 다시 폰테 콜롬보로. 모든 곳에서 그에게 최상의 간호를 제공하였으나 긍정적인 반응을 얻어 내지는 못하였다. 그의 건강은 나날이 악화되어 갔다.

T 성찰 후 아래 질문에 답하시오.

1. 55과에서 당신의 관심을 가장 많이 끄는 부분은 어느 부분인가? 그 이유는?

56

시에나에서의 새로운 시도

우골리노 추기경과 엘리아 형제는 프란치스코의 건강에 별 차도가 없는 것을 보고 걱정하였다. 그래서 1226년 봄이 시작할 무렵 그를 시에나로 이동시켰다. 시에나에도 매우 유명한 의사가 한 명 있었기 때문이다. 그 당시는 모든 수단과 방법이 절실히 필요한 때였다.

어느 날 밤 그는 경련을 일으키던 중 피를 토했고, 이는 그를 죽음의 문턱까지 데리고 갔다. 그와 함께 있던 형제들은 슬픔을 억누를 길 없어 흐느껴 울었다. 그들의 아버지의 영원한 부재가 무엇을 의미하는지 비로소 실감하였기 때문이다. 프란치스코는 간신히 제자들에게 위로의 말을 건네며 끊어지는 목소리로 그들을 강복하였다. 그리고 그들에게 언제나 서로 사랑하며, 가난한 생활을 유지하고, 거룩한 어머니이신 교회에 순종하라고 충고하였다.

시에나 역시 그에게 건강을 되돌려 주지 못하였다. 얼마 남지 않은 프란치스코의 삶이 점점 더 단축되어 갔다. 우려 속에 그의 여정을 지켜보던 아씨시의 주민들은 그를 고향으로 모셔가려고 무장한 기사들을 보냈다. 그들은 오상을 받으신 성인의 유해를 자신들의 성벽 안에 안치시키기를 원했다.

그의 심각한 건강 상태로 인해 귀환은 매우 힘들었다. 또한 한여름 더위를 피하기 위해 시원한 곳을 찾아야 했다. 코르토나 가까이 있는 은수처에서 며칠을 묵었고, 그다음 바냐라 그리고 마지막으로 사트리아노를 들렀다. 곳곳에서 그를 보고자 많은 사람이 나와 그에게 강복을 요청하였다.

T 성찰 후 아래 질문에 답하시오.

1. 프란치스코 성인이 시에나에서 빈사 상태에 있었을 때 그의 형제들에게 이른 세 가지 권고 사항들을 열거하고 왜 그것을 선택했는지 설명하시오.

57

죽음의 찬미

아씨시의 성인을 모시기 위한 최선의 장소는 주교관이라는 데 모두가 뜻을 같이했다. 형제들은 그곳에서 안전하게 그분을 잘 간호할 수 있으리라 생각하였다.

주교관에 머무르는 동안 그에게 아레초 출신의 부온 조반니라 불리는 의사 친구를 데려왔다. 프란치스코의 새로운 질병인 수종은 점차 악화되었다. 이젠 다리뿐 아니라 위까지 부어오르기 시작하였다. 그는 매우 상냥하게, 거의 완쾌한 듯 의사 친구에게 자신의 병에 대해 물으면서 결과를 사실대로 알려 달라고 청하였다. "곧 세상을 떠나게 됩니다. 당신의 병은 고칠 수 없습니다." 의사가 말하였다.

환자의 반응은 즉각적이었다. 팔을 위로 뻗치며 기쁘게 외쳤다. "죽음 자매여, 어서 오소서!" 그리고 그가 새로 지은 노래를 함께 부르기 위해서 동료들을 불렀다.

"내 주님, 우리 육신의 죽음 자매를 통하여 찬미받으시옵소서.

살아 있는 어느 사람도 이를 벗어날 수 없나이다.
불행하옵니다, 죽을 죄를 짓고 죽는 이들이여!
복되옵니다, 당신의 지극히 거룩한 뜻을 실천하며
죽음을 맞이할 이들이여,
두 번째 죽음이 저들을 해치지 못하리이다."

형제들은 환자의 침대에서 피조물의 찬가를 여러 번 불렀다. 프란치스코도 거의 꺼져가는 목소리였지만 기쁘게 그들을 따라 함께 불렀다. 모든 형제들이 성인이 임종 자리에서 노래를 부르는 것이 옳다고 생각한 것은 아니었다. 그것은 성성聖性의 틀에서 벗어난 것이기 때문이다. 사람들이 알게 되면 나쁜 소문을 퍼뜨릴 수도 있을 것이다. 그래서 형제들은 장상이었던 엘리아 형제에게 성인을 멈추게 해 달라고 요청하였다. "부디 나를 내버려 두세요." 프란치스코가 겸손하게 청하였다. "나는 노래를 부르면서 이 고통에서 벗어나고 나의 하느님이 오심을 찬미할 수 있습니다."

T 성찰 후 아래 질문에 답하시오.

1. 자살 행위 또는 죽음 앞에서의 절망과 프란치스코 성인의 행동 사이에서 어떤 차이점을 발견할 수 있는가?

58

비범한 유언

당시 많은 형제가 아씨시로 돌아왔다. 성인이 위독하다는 사실을 알고는 사방에서 아씨시로 모여들었다. 그와 작별 인사를 하러 오기도 했지만 무엇보다도 그의 축복을 받고 싶었던 것이다. 그들은 아씨시에 도착하자마자 환자의 침대 옆에서 오랫동안 머물렀다. 붕대로 눈을 감아 성인은 그들을 볼 수 없었으나 그들의 존재를 느끼자, 그들에게 강복을 주면서 선한 동기와 목적을 가진 일에 뜻을 굽히지 말라고 당부했다.

성인은 형제회 창설 초기 형제들의 목소리를 다시 듣자, 여러 기억들이 되살아나면서 우려와 걱정이 교차되었다. 그래서 레오 형제에게 모든 형제를 위한 그의 유언을 기록해 달라고 청하였다.

성인은(자신의 표현을 빌리자면) 자신이 죄악으로 점철된 삶을 살았을 때와 나병 환자들과 거지의 얼굴에서 하느님의 얼굴을 발견했을 때 등 과거를 회상하며 유언을 시작했다. 그에게 일어난 모든 일은 오직 하느님의 자비였음을 강조하였다. 그를 불러 주시고 그에게 복음에 따라 단순하게 살도록 지시하신 분은 바로 하느님이셨다는 것이다. 그 후 하느님이 주신 선물로 형제들이 그에게 다가왔고, 그 형제들과 함께 가난 속에서 열심히 일하고 기도하며 기쁘게 살게 되었다고 말하였다.

바로 그때 프란치스코의 음성이 바뀌었다. 회상을 일러 주는 차원이 아니라 마치 그의 영혼에서 입법가가 재생한 듯 명확한 어조로 권고하거나 금하는 내용을 말하기 시작했다. 모든 형제가 일하는 것을 배우고, 진정한 가난을 살면서, 교회에 순종하고 약속한 수도규칙을 언제나 충실하게 지킬 것을 명하였다. 마지막으로 이 모든 것을 지키는 사람은 하느님의 축복을 받을 것이라고 덧붙였다.

그날 오후 성인은 탈진한 상태에서 유언을 끝냈고, 자리에 함께 있던 형제들은 서로 얼굴을 바라보며 아무 말 없이 나왔다.

T 성찰 후 아래 질문에 답하시오.

1. 프란치스코 성인의 유언은 크게 두 부분으로 되어 있다. 그 가운데 어떤 부분이 더 중요하다고 판단되는가? 그 이유는?

59

추수 완료

　9월이 끝나기 전에 프란치스코는 그의 삶의 마지막 순간이 다가오고 있다는 것을 알았다. 그는 포르치운쿨라로 이동하기를 원하였다. 그의 진정한 요람에서 삶을 마감하고 싶었던 것이다. 이에 형제들은 이동을 준비하였다. 이번 이동은 수행원들의 행렬 규모가 더욱 컸고, 언제나처럼 무장한 기사들의 호위를 받았다.

　이미 가을이 시작되었다. 포도밭에는 잘 익은 포도송이들이 보였고 밀밭은 수확이 끝난 상태였다. 프란치스코는 아무것도 볼 수 없었으나 들판의 따뜻한 공기와 향기를 느낄 수 있었다. 그는 그때가 추수의 계절이라는 것을 잘 알고 있었다.

　나환자 병원 가까운 곳을 지날 때 성인은 일행을 멈추고 아씨시를 향하여 자신을 돌려 줄 것을 요청하였다. 당시 그는 들것에 누워 이동 중이었다.

　가까스로 몸을 가눈 후 붕대로 감겨 있는 그의 손을 언덕에 비스듬히 자리한 도시를 향해 뻗었다. 지붕과 성벽과 탑들이 보였다. 마치 눈으로 볼 수 없는 그의 고향을 마음속으로 명상하듯 잠시 침묵을 지켰다. 그리고 향수가 가득 실린 목소리로 띄엄띄엄 말했다. "하느님의 축복을 받으소서, 사랑하는 도시여 … 이 도시에는 언제나 하느님의 선과 자비가 함께 하리라 … 도시의 모든 정원에는 평화가 꽃피고, 지붕에는 용서가 피어오르리라."

수행단은 천천히 그를 따랐다. 오직 발걸음 소리와 새들의 날갯짓 소리만 들렸다.

포르치운쿨라에 도착하여 약 20여 년 전 프란치스코가 그의 손으로 직접 수리한 성당에서 몇 미터 떨어지지 않은 한 움막에 그의 숙소를 준비했다.

T 성찰 후 아래 질문에 답하시오.

1. 프란치스코가 고향을 향해 한 작별 인사는 단지 감성적인 것인지 아니면 도시와의 진정한 약속인지에 대한 의견을 말하시오. 그 이유는?

2. 오늘날 당신의 도시와는 어떤 약속을 할 수 있는가?

60

죽음에 이르는
충실한 친구

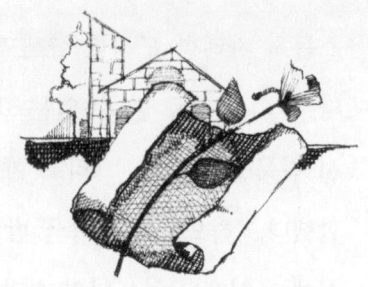

그곳에 은둔해 있으면서 프란치스코는 행복했다. 그가 직접 수리한 성벽과 숲속의 향기는 그를 과거와 화해시켜 주었고, 그를 모든 피조물과 하나가 되도록 해 주었다. 그 누추한 움막이 그에게는 최고의 궁전이었다. 장소에 집착하는 것이 아니라 오히려 그 어느 때보다도 그의 마음은 이 세상 모든 것으로부터 멀어져 있었다. 그러나 그는 하느님께서 그에게 행하신 모든 것과 보내 주신 모든 선물에 대하여 감사해야 된다는 의무감을 느꼈다.

이 감사는 무엇보다도 그의 친구들에게 가장 잘 표현되어야 했다. 그리하여 하느님께서 처음으로 그에게 보내 주신 귀족 출신의 퀸타발레의 베르나르도 형제를 비롯하여 모든 형제의 충직함과 너그러움에 고마움을 표했다.

그리고 그토록 용감하고 다정하며 확고하면서도 투명한 클라라 자매를 어떻게 기억하지 않을 수 있겠는가? 그녀를 향한 그의 애정을 표현하는 서신을 보내지 않고는 떠날 수 없었으리라. 성인은 클라라에게 그녀의 의지를 저버리지 말 것을 당부하며, 건강을 해칠 수 있는 단식과 고행을 강행하지 않도록 권고하는 편지를 받아 적게 했다.

또한 프란치스코를 여러 차례 자신의 집에 맞이한 로마의 귀족 출신 과부 친구 야고바 세테솔리도 기억했다. 그녀는 다양한 방법으로 그의 계획에 협조를 아끼지 않았으며, 어려울 때마다 그에게 용기를 북돋워 주었다. 프란치스코는 그녀를 다시 한번 보고 싶은 마음에 그녀의 방문을 독촉하고자 자신의 장례에 필요한 물건과 평소 그가 매우 좋아했던 과자를 가져올 것을 부탁하는 서신을 보냈다. 서신은 목적지까지 도착하지 못했다고 전해진다. 왜냐하면 얼마 지나지 않아 야고바 부인이 그녀의 두 아들과 함께 많은 물건을 가지고 그의 방으로 들어왔기 때문이다. 그러나 그녀가 챙겨 온 가장 소중한 선물은 그녀의 숭고한 우정과 협조였다.

T 성찰 후 아래 질문에 답하시오.

1. 60과에서 프란치스코가 생각했던 우정의 가장 중요한 특징을 묘사하시오.
2. 성인이 생각한 진한 우정의 이유는 궁극적으로 무엇인가?

61

촛불 같은 마지막 순간

그 주간에 프란치스코의 마지막이 왔다. 그의 목숨은 촛불처럼 꺼져 갔다. 10월 3일 토요일이었다.

그날 아침 이른 시각에 그는 요한 복음의 수난기를 읽어 달라고 청하였다. 복음서를 천천히 읽는 동안 프란치스코는 마치 자신의 존재를 잊어버린 듯 움직이지 않았다. 많은 사람이 이미 임종했다고 믿었으나 복음서의 낭독이 끝나자 빵을 달라고 다시 말하였다. 떨리는 손으로 빵을 잡고 강복한 후 최후의 만찬에서 예수님이 하신 것처럼 빵을 쪼개어 그 자리에 있던 형제들과 나눴다. 무엇인가를 말하려 했으나 말이 나오지 않았다.

움막 주변에는 긴장감이 도는 침묵이 계속되었다. 형제들은 죽어 가는 프란치스코를 위해 기도를 해야 할지 아니면 성인에게 무엇인가를 청해야 할지 몰랐다. 몇 명은 그의 곁에 서서 그의 작은 움직임을 예의 주시하였고, 다른 사람들은 성모 마리아 성당에서 무릎을 꿇고 있었다. 가끔씩 숲의 나무들 사이로 사라져 가는 피조물에 대한 찬미의 근엄한 멜로디로 침묵이 끊기기도 했다.

오후 다섯 시 정도 프란치스코는 형제들에게 옷을 전부 벗겨 맨땅 위에 눕혀 달라고 청하였다. 많은 형제가 반대했지만 결국은 그의 마지막 바람을 들어 주었다. 그런 다음 거의 들을 수 없는 가느다란 목소리로 시편 142편을 낭독하기 시작했다. 형제들도 천천히 그를 따라 했다. "주님은 저의 피신처, 산 이들의 땅에서 저의 몫이십니다 … 제가 당신 이름을 찬송하도록 감옥에서 저를 빼내 주소서. 당신께서 제게 선을 베푸실 때 의인들이 저를 둘러싸리이다."

시편 낭독이 끝나자 모두가 침묵 속에 움직이지 않고 있었다. 전하는 말에 따르면, 아주 작은 날갯짓만 들렸다고 한다.

T 성찰 후 아래 질문에 답하시오.

1. 프란치스코 성인의 생애 마지막 순간에서 가장 주목할 만한 점은 무엇인가? 그 이유는?

62

성인의 첫 행렬

아씨시에서 새로운 성인이 탄생됐다는 소문은 일파만파로 퍼졌고, 그날 밤 움브리아의 계곡은 불빛으로 뒤덮여 있었다. 포르치운쿨라의 평원은 불빛 바다가 되었다. 그곳에서는 노래와 기도가 끊임없이 계속되었다. 프란치스코의 임종을 비통해 하면서도 또 한편으로는 새로운 성인의 탄생을 축하하였다.

깊은 신앙심을 가진 야고바 세테솔리는 흐느낌을 멈추지 못한 채 다른 두 형제와 함께 프란치스코 성인에게 그녀가 챙겨 온 수의를 입혔다. 죽음 때문에 창백함에도 불구하고 성인의 얼굴은 결여된 영혼을 원망하지 않았다. 가슴에 겹쳐진 그의 손은 이제 붕대로 감겨 있지 않아 상처로 멍든 구멍과 못과 비슷한 검은 혹 같은 것을 볼 수 있었다.

날이 밝자 아씨시로 향한 운구 행렬이 시작되었다. 그러나 이번에는 산 다미아노 성당으로 갔다. 장례 행렬이라기보다는 성인의 첫 행진 같았다. 그가 수리한 첫 번째 성당과 그의 존재를 밝혀준 십자고상 그늘에서 그의 관은 한동안 머물렀다. 그러나 그의 시신을 둘러싸고 눈물과 기도로 그의 상처에 입을 맞추며, 침묵 속에 그의 축복을 간청한 클라라와 자매들이 원하는 만큼의 긴 시간은 아니었을 것이다.

성 지오르지오 성당은 모든 사람을 수용하기에는 공간이 부족하였다. 그러나 그곳에서 많은 사람이 프란치스코를 어렸을 때부터 알았고, 성인이 교육을 받은 곳도, 아씨시 주민들에게 첫 설교를 한 곳도 바로 그 성당이었다. 그래서 그곳에서 장례미사를 거행하였고, 그로부터 4년 후 그의 이름을 딴 성 프란치스코 대성당이 건축되기 전까지 그의 유해는 이곳에 안치되어 있었다.

T 성찰 후 아래 질문에 답하시오.

1. 프란치스코 성인의 임종 앞에서 대중들의 반응은 어떠했는가? 이것이 적합하다고 생각하는가? 그 이유는?

2. 성인이 있다는 것은 좋은 것인가? 그 이유는?